Es gibt kein Vorwort.

Beide sind einfach über mich gekommen, der Zwang und die
Lust, all das, was als Wust auf den Regalen, im Kopf, auf
gewelltem Leder, in alten Briefen und Notizen herumlag, in
mehr oder weniger guter Form auf das Pergament zu
schreiben. Sicherlich nicht in einer strengen Reihenfolge;
manchmal bitter und manchesmal auch nicht immer mit dem
nötigen Ernst. So, wie ich die Erinnerungen auskrame, werde
ich diese aufschreiben, wobei der tatsächliche Ablauf der
Zeiten nur eine untergeordnete Rolle spielen wird.
Und wie man lesen wird, ordnen sich sowieso die Dinge im
Leben anders als man sie selber zu gestalten vor hat, denn
die Abhängigkeiten werden auf dem Strahle der Zeit von
vielem Anderen mitbestimmt. Der eigene Einfluß, das
Wollen des Geistes, ist mal da übermächtig, mal dort sehr
gering. Wahrheiten beginnen zu existieren, kaum daß man
die Gedanken auf ein Thema zu richten beginnt. Und so
erwächst nach und nach doch ein Hügel von kleinen
Erzählungen, von dem aus ein Hauch von Wahrheit,
Phantasie und Mythos, von Traum und Realität, von
Glauben und Aberglauben, aber immer die Hoffnung auf das
Menschsein über die Seiten weht.
Lesen, eintauchen, schmunzeln, erinnern, weinen, lachen,
miterleben, nachdenken und so vieles mehr - mehr ist nicht
nötig.

mannanon, der keltische mönch
im kloster sankt peter zu salzburg,
anno domini 782

ian-jonathan rhonztam

ICH
BEREUE
NICHTS

Ein Keltenleben

durch die nebel von wahrheit,
phantasie und mythos,
zwischen wachsein und träumen
aus der feder geronnen dem
MANNANON,
dem keltischen mönch
im kloster sankt peter zu salzburg
anno domini 782

ISBN-13: 9783837014778

© 2007 by Hans-Jürgen Matznohr
Umschlaggestaltung, Satz und Layout unter
Verwendung von eigenen Fotos

Herstellung und Verlag:
Books on Demand GmbH, Norderstedt

Bibliographische Information der Deutschen Nationalbibliothek
Die Deutsche Nationalbibliothek verzeichnet diese Publikation in der Deutschen
Nationalbibliographie; detaillierte bibliographische Daten sind im Internet über
http://dnb.d-nb.de abrufbar

Jedesmal, wenn ich im Garten vor mich hingehe...

...jedesmal dann fällt es mir schwerer, dem duftenden Rausch der Rosen, welche ich mir aus den fernen südlichen Landen habe mitbringen lassen, zu entrinnen. Seine Schwere umhüllt mein Denken, dringt mir durch die Nasenflügel tief in das Innere, verwebt den Geruch mit dem Erinnern und lässt die Gedanken schweifen bis weit an das thyrrenische Meer. Es drängen Bilder herauf, die lange, lange vorher gemalt sind auf nebligem Grunde, die sich eingebrannt haben in mich und an die ich mich gerne erinnere. Der Geruch der warmen Lüfte, die linden Winde, die so unterschieden sind von dem strengen, kalten, so harten Gestürme meiner Heimat hoch im Nordwesten. Dort auf den Inseln.

Hier im weitumzäunten Raum unterhalb der Mauern unseres *conventes* fühle ich mich immer wieder zerrissen; bin aufgehoben in einer wunderlichen Seltsamkeit aus meinem beschaulichen Jetzt und meinem früheren unsteten Dahinziehen zwischen dem Heimatland meiner tiefsten Seele und dem heutigen Hier meines Noch-Seins. Und zwischen beiden Welten ist ein so weites Feld, ist eine so weit vergangene Zeit mit Erlebnissen, die so manch anderen aus allen Bahnen geworfen und dem Abgrunde zugeführt hätte. Was nicht heißen soll, daß die Versuchungen der Welt nicht auch an mich herangetreten wären und ich nicht hätte mit ihnen kämpfen müssen. Es waren nicht nur die weltlichen Versuchungen. Nein. Es waren vor allem die Versuchungen des Geistes, das Essen vom Baume der Erkenntnis (*eritis sicut deus, scientes bonum et malum* – Ihr werdet sein wie Gott, wissend, was gut und böse ist.)

Es war die Suche und die Ver - Suchung, das Wissen meiner Vorfahren mit dem Wissen der Jetzigen in *coincidencia* bringen zu wollen. Es wurde ein Spagat zwischen dem im Denken und dem im Handeln sich widerspiegelnden Wissen um die Göttinnen und Götter meiner Altvorderen und den heute durch die Sieger, durch das römische Weltreich favorisierten Ansichten über den Einen Gott. Der dennoch sich in Drei Emanationen entäußern soll.

Aber eigentlich hat ja dann alles gepasst.

Während meiner Rundgänge durch den zauberhaft duftenden Garten – es ist ja schon ein wenig warm geworden um die Mittagszeit, so kurz vor dem gemeinsamen Gebet mit den anderen Brüdern – steigen mal zu mal stärker und deutlicher alle die vergangenen Stunden und Tage und Jahre aus der Tiefe meines Geistes herauf. Die Nebel formen sich zu Gesichtern, der Wind flüstert mit den Stimmen meiner längst dahingegangenen Kameraden und auch mit den Stimmen der Ahnen in mein Ohr. Meine alten Augen sehen scharf wie nie zuvor auf weit in der Zeit liegende Ereignisse zurück und es drängt - es drängt mich schier immer stärker, endlich den Gänsekiel zu schärfen und das Gemisch aus Kohlenruß, Harz, Weinsatz und dem Saft der Tintenfische zusammenzurühren. Irgendwo im *skriptorium* werden auch noch einige unbeschriebene Häute liegen, welche ich mir unter den Nagel reiße, denn sehr gern wird sie Bruder Dominik nicht hergeben. Vor allem dann, wenn ich ihm sagen müßte, wozu ich sie haben will und zu was ich sie nun unbedingt brauche. `domine mea culpa`, verzeih mir HERR diesen Diebstahl. Bitte – hast mir ja so Vieles schon verzeihen mögen.

Irgendwo hier hinter den Mauern des Klosters Sankt Peter bei der ehemaligen Römersiedlung *juvavum* an den Ufern der Salzach, das gegründet war *anno domini 700* vom alten Rupert und welches im Jahre des HERRN 739 durch Bonifacius zum Zentrum des Bistums Salzburg erhoben wurde, aufgebaut auf uraltem Grund meiner keltischen Altvorderen; irgendwo in ihm wird sich wohl auch noch ein verschwiegenes Plätzchen finden für mich. Für Mannanon, den alten Mönch mit den vielen keltischen Vorfahren hier im Salzland unter den Bergen, den dortigen auf den Inseln und den anderen allen auf dem bekannten Erdkreis. Ein kleines Plätzchen nur, an dem ich ungestört alles vor mich hinschreiben kann, und wenn es nur im *ostiarium*, im leerstehenden Pförtnerhaus neben dem Eingangstor sein sollte. Aber so lange die wärmenden Sonnenstrahlen den Garten erhellen, solange halte ich es draußen unter den Himmeln meiner Ahnen wohl aus.

Und es wird wie aus Träumen gewebt sein, das, was sich aus mir heraus schreibt. Manchesmal wird es erscheinen, als spalte ich mich auf in Menschen, die ich nie hätte sein können, da sie schon vor unendlichen Zeiten auf diesem Erdenrund weilten. Menschen, über die das Rad der Zeit seit Äonen hinweg gerollt ist und manchesmal werde ich es selbst nicht wissen, wer gerade die geistige Feder führen wird.

Wenn sich dann die Gesichte vermischen, sich Geschehnisse auftun, die kaum glaubhaft sind, sich Wesen wie Aina die Führerin, Ian der Schmied über dem Hallstätter See, der Römer Marcinius, der Heilige Martin und andere lang, lang Dahingegangene in den Netzen meines Geistes verfangen, dann ist das nur ein einziger Fischzug durch die Geschehnisse in der Zeit. Ein einziger Lebensstrang wird es sein. Denn wir kommen alle aus einem Früher und wir wollen doch alle über das Heute in das Unbekannteste, was es je geben wird: in das Morgen hinein!

Und so muß das alles aus meinem Kopfe heraus, muss aufgezeichnet sein, damit man eventuell später einmal erfahren kann, wie das eigentlich kam, daß sich diese neue Gedankenwelt so einen Platz hat schaffen können auf dem Erdkreis, diese *katholikos orthodoxis*, diese Allgemeine Rechtgläubigkeit.

In welche Schrift setze ich die Worte, die Gedanken auf das Pergament? Kann ich die durch die Jahrtausende sich verändernde Sprache und die Begriffe meiner Vorgänger wirklich nacherlebbar niederschreiben? Muß ich nicht Vieles von dem in die Diktion der heutigen Zeit bringen, damit es überhaupt verständlich wird?

Doch Versuch macht klug und wenn dieses und jenes nicht gelingt, so bleibt mir immer noch das *rasorium*, das Schabeisen, mit welchem ich die Zeichen wieder fortkratzen kann. Möglicherweise wird das sowieso jemand mit meinen Aufzeichnungen machen, falls später einmal das Pergament knapp wird oder, was viel wahrscheinlicher ist, mein Geschriebenes den

geistigen Führern der neuen Religion nicht gefällt: Weil ich doch Einiges so anders darstelle, als es durch die Mächtigen kanonisiert wurde und auch später noch wird. Wobei man dieses überschriebene Pergament dann ein *palimpsest* nennen wird. Aber es kann auch eine Zeit kommen, in der Klügere als ich diese Palimpseste unter besonderem Lichte wieder lesbar machen können. Aber darauf kann ich nicht hoffen - so schürze ich also heute meine Kutte, greife zu Feder und Tinte und werde wohl oder übel beginnen müssen. Aber mit was? Womit anfangen?
Es liegt am ersten Satz. Immer liegt es am ersten Satz!.

Schreibe ich über meine Kindheit auf der britonischen Insel zuerst? Nehme ich die Zeit der römischen Besatzung, das Vermischen der Kulturen oder die Zeit des Abzuges der römischen Legionen in die Feder? Oder beginne ich viel viel früher in der Zeit? Dort, wo sich eine unbekannte Menschengruppe vom hohen Norden bis zum Mittleren Meer westlich über hunderte, ja, tausende Jahre damit beschäftigte, die Verehrung ihrer Göttinnen und ihrer Götter mit tonnenschweren steinernen Zeichen in und auf die Erde zu schreiben? Wohin treibt mich die Erinnerung? Denn einen Anfang, so einen richtigen Anfang wird es nie gegeben haben.

Und so ziehen die Nebel meiner Gedanken zwischen den Steinkreisen auf den Inseln und den uralten Eichen-Doppelkreisen mit den 3 und 4 Toren im heutigen Grenzlande der Slawen und der Thueringe und am Fuße des Etteresberge hin und her und ich bemerke, daß so unterschieden die Vorstellungen und Riten der Weisen Frauen und Männer an beiden vorzeitlichen Orten voneinander nicht waren. Und auch nicht so sehr von den unseren. Aber dieses kann ich nur ungesehen von anderen als meine Erkenntnis heimlich niederlegen. Heimlich nur.

Sie priesen die Sonne als Große Urmutter allen Lebens, priesen die Töchter und Söhne der Sonne und baten, fordernd manchmal sogar, um deren Hilfe und um deren Schutz. Immer schon begleiteten die Feierlichkeiten rhythmische Schläge auf hautbespanntem Holz, waren Rasseln und klingende Steine die taktgebenden Instrumente des Tanzes und des Gesanges.   Und so, wie Aina durch die Alte Frau in die Geheimnisse ihres Volkes eingeweiht wurde, so geschah dies mit Brynn durch den Alten Weisen, mit Gil-Gamsch und Sem-ho-teph, mit Yu-ssuff und mit Penokles, mit Kithara, mit Siggurd und Li Chan und den anderen Schülerinnen und Schülern überall auf der Welt. Und sie wurden diejenigen, welche das Wissen um die Gefahren des Lebens, des Überlebens, das Wissen um den immer wiederkehrenden Lauf der Gestirne hoch über uns und das Wissen um die Zeit der Aussaat und der Ernte und um die Erzählungen aus dem Urgrunde ihrer Völker wiederum an eine Aina, einen Brynn, einen Yu-ssuf, an eine Kithara weitergaben. Und alle aus dem wissenden Kreis füllten das Horn mit ihren eigenen Erfahrungen, gaben sie diesen uralten Kenntnissen hinzu und der Schatz wuchs und wuchs. Und jede neue Erkenntnis baute auf auf früherer und verhalf zu einem gesicherteren Leben in der Gruppe, in der Sippe, im Clan und im Volk.

Was kleckst die Tinte denn so und warum ist sie plötzlich so rot wie der Wein? Ha! Geht es also schon los mit den Verwechselungen, mit den Versehnissen vor meinen Augen. Habe ich doch die Feder in den guten Roten hineingetaucht und diesen aufs Pergament gebracht. Na ja, dann erhalten die Worte eben die Farbe des blutroten Sonnenunterganges, welcher im Westen die weißen, schneebedeckten Berggipfel so kaiserlich gefärbt. Kardinalrot eigentlich, wie es unsere weltmännisch werdenden Prälaten immer häufiger tragen. So wird das also nach und nach mit den Gelübden von der Armut und von der Bescheidenheit – leise gehen sie dahin, die Gelübde, und der Abstand zum einfachen Volke, dessen Hirten die Prälaten sein wollen, wird größer und größer.

Auch darum kann meine Feder nicht ruhen, denn mir gefällt das überhaupt nicht. Ist nicht der HERR Jesus als ein einfacher Mann gegangen zwischen seinen Jüngern und hat einfaches Wort gepredigt vor seinen Zuhörern? Ist er nicht in der Wiege gelegen auf Heu und Stroh im kalten Stall, gewärmt von Mutter und Vater und dem lieben Vieh? Heute, so scheint mir, will jeder Hochwohlgeborene schon im Goldenen Vlies und mit dem Zepter der Herrschaft im Arsch geboren sein. Nicht, daß ich es ihnen neide – nein! Denn dem HERRN Jesus nacheifern kann niemand in prunkendem Gewande und auch nicht mit dem intellektuellsten Spruch auf den Lippen. Die wahre Ehrfurcht und der wahre Eifer preisen den Herrn in einfachen Taten und im einfachen, von Herzen kommenden Gebet – manchmal einfach nur so, wie Henner und Babett, Clarissa und Geofray es tun. Das Einfache liebt der HERR und das Einfache war auch den Göttern aller Zeiten das Liebste – denn das verstanden sie. Sie machten sich nie etwas aus dem gelehrten Kauderwelsch, hinter dem selten ein klarer Spruch und ein herzerfrischendes, gütiges Denken steht.

Glaubt mir, das Einfache zieht sich durch die Zeiten aller Geschlechter. Und das Einfache ist es, welches so schwer zu sagen war und ist und auch bestimmt später zu sagen sein wird. Immer das BimBorium drum herum! Oder wie man viel, viel später einmal sagen wird: the show must go on! Ein bißchen Effekt muß sein!

Bin ja selbst nicht dagegen gefeit, wenn ich oben auf dem Dürrnberg die Messe lese und die Bauern, die Holzfäller und die Salzknappen zusammen mit ihren Weibern an meinen Lippen hängen, um die fremdländischen Worte zu hören und um diese danach den Daheimgebliebenen stammelnd zu wiederholen. Latein! *o sancta simplicitas!* (O heilige Einfalt!) Und weit ausgeholt habe ich mit den Händen beim Segen und manche überflüssige Bewegung gemacht mit der Monstranz, in der oben die Hostie und unten eine Reliquie, ein Fingerknöchelchen vom heiligen Petrus, in Gold gefasst waren. Meine Stimme hebe ich. So, daß im Raum der Klang des `te deums` widerhallt. Ich lasse sie erschallen. So, daß das Echo meinen Sang viele Male verstärkt zu einer Kaskade von Klängen, in welche dann die Stimmen der Mönche einfallen und wir zusammen das Lob Gottes unter dem Kirchendach bündeln. Ja, das ist schon ein bißchen show. Ja, das ist was. Ich spüre die Macht des Wortes und die Macht der Stimme und die Machtfülle des Gesanges in mir und ich nutze sie aus. Schamlos vielleicht. Aber ich nutze sie, weil alle Wissenden aller Zeiten das gleiche gemacht haben vor den baß staunenden Anwesenden im Rund der heiligen Gottesstätte, des heiligen Haines inmitten uralter Bäume, zwischen den Pfeilern der Tempel und im aufstrebenden Raum der Kirchenschiffe.

Die Kraft und die Macht gerade der Stimme wurde in harter Ausbildung uns lernenden Druiden eingeübt und anerzogen, denn allein die Stimme vermag nämlich die feinsten Schwingungen und auch die vielfältigsten Nuancen vermitteln. Sie kann ganz ganz leise und zart sein und somit flüsternd die geheimsten Formeln der Magie dem Eingeweihten vermitteln. Aber sie kann auch donnernd den Fluch über die Unbotmäßigen erklingen lassen, so, daß der ausströmende Atem, der mit aller Kraft ausgestoßene Schrei das Leben und auch Berge zerfetzen, ja, vernichten kann. Darin liegt die Macht des Wortes und des bannenden Gesanges, wie sie in jedem Ritual der Früheren wie auch heute in den Zeremonien der Kirchen zum Ausdruck kommen. Fast fast alle Schöpfungsgeschichten der Völker berichten von der lebenspendenden Kraft des Atems, des Odems und des gesprochenen Wortes.

in principio erat verbum.

Am Anfang war das Wort (und das Wort ist Fleisch geworden.)

So konnte und mußte die Stimme auch bei unseren keltischen Druiden den Fluß der Welt in Gang bringen, in Gang halten, damit das Wissen nicht in der

Erstarrung des Geschriebenen festgemacht ist. Diese Magie der Stimme ist auch der Grund dafür, daß unsere Krieger sich, ihrer Kraft und ihrer offenbaren Schrecklichkeit vollauf bewußt, mit lautem, angstverbreitenden Geschrei (Iulius Caesar berichtet darüber) in den Kampf stürzten.

Der Weihrauch, der aus den offenen Seitenfenstern des *refectorium* vom Wind in meine Klause gewirbelt wird, verbindet sich mit dem Geruch, mit dem wunderbaren Aroma des schweren Roten und ich glaube, es ist die Mischung beider, welche mich in einen wohligen Zustand versetzen. Das alte Auge nähert sich dem Pergament, um das Geschriebene deutlicher erkennen zu können. Der Schein der Kerze bündelt sich im weißen Stein, der faustgroß auf dem Pulte liegt und die bleiche Schreibhaut heller glänzen lässt. Warum verschwimmt diese denn vor meinem Blick? Die schwarzen Striche und Kurven, mit kundiger Hand gezogen und geschwungen wiegen sich von links nach rechts und von rechts nach links und auch hoch und hinunter, nichts auf dem pult hat mehr seinen festen platz wie in wellen bewegt sich das helle dünne leder auf und nieder und der abendnebel schiebt sich durch das offene fenster bis auf mein altes schreibbrett und er umspült meinen schemel kriecht hoch an meinen zehen welche kalt sind vom stehen nackten fußes auf dem steinernen grund meiner zelle und ein frösteln stellt sich ein auf meiner haut der griff nach dem hölzernen becher voll warmen weines welcher als altem *frater* mir heiß und gewürzt zu steht der griff nach dem becher weines geht voll daneben - dafür stützt meine hand ...

... sich kräftig auf einen großen, nicht den größten, aber doch auf einen der größten Steine des weit fassenden Kreises und die Sonne senkt sich langsam über den Horizont in das wogende Wasser hinein. Sie verdeckt sich mit dem Schleier der abendfeuchte, der abendnebel, die aus der Weite der Ebene aufsteigen nach diesem herrlich warmen Tag. Um Morgen in der Frühe wieder aufzusteigen am entgegengesetzten Orte meines weiten Landes? In der Zeit der Dunkelheit wird sie schnellen Schrittes auf die andere Seite eilen, ein wenig ausruhen und wieder in ein Morgenrot gehüllt oder auch in Trübheit hinaufsteigen die vielen unsichtbaren Stufen ins weite Rund über uns allen. Und ich stütze mich an den Stein, welcher so lange nachklingt, wenn ich ihn mit dem kleinen Faustkeil aus Feuerstein anschlage. Schon mein Lehrer hat dieses getan und vor ihm der seine. Und davor schon viele andere, kluge Männer und Frauen meines Volkes - jedesmal vor dem Hineintauchen der Großen Mutter Sonne in das weit vor uns liegende Wasser.

Und klingt der größte Stein im Kreis hell und summt er lange nach, so ist uns eine Zeit der Wärme und der Trockenheit beschieden. Tönt er aber dumpf oder gar nicht, so kommen nasse Tage auf uns zu. Das Wissen darum hat meine Sippe bekannt gemacht in weitem Umkreis. Wir konnten auf viele Sonnenläufe voraussagen, ob uns die Hohen unter den Sternen warme oder kalten Zeiten,

Trockenheit oder Nässe vergönnten. Wir schlugen nach diesen Erfahrungen Kerben in die Steine, welche uns den niedrigen oder den hohen Stand der Großen Mutter Sonne festmachten. Auch weitere Kerben und Kreise und Linien, welche uns sagten, wann diese Ereignisse wieder eintreten könnten und wir merkten uns die Zeiten der Aussaat und die Zeiten der Ernte, die Zeiten des Bespringens der Muttertiere durch die Böcke und auch die Zeiten der Geburten des Viehes. Alles das ritzten wir in die Steine – denn Eines wissen wir: nur wenn die Große Mutter Sonne unsere Ebene in stetigen Abläufen erwärmt, dann, und nur dann, kann dieses alles in alter Ordnung und gut für unser aller Gedeihen geschehen. Aus diesem Grunde heraus haben wir in unserem Leben die Sonne zu unserer Behüterin erhoben, sie zu unser Aller Mutter werden lassen. Und als nach vielen, vielen Winterwechseln diese Zeiten immer noch richtig waren, da begannen wir zu Ehren der Geburt des Viehes, des Einbringens der Körner in die Erde und auch zu Ehren des Erntens Feierlichkeiten festzulegen. Feierlichkeiten, an denen alle teilnehmen; an denen die Frauen und Mädchen im Kreise tanzen und zu deren Gesang die Männer mit ihren tiefen Stimmen den Widerhall der Weiber formen. Auch über die großen und kleinen Feuer springen wir und trinken und essen und lieben ist angesagt in Hülle und Fülle zum Beginn der warmen Zeit. Ihr Mondblut lassen die Frauen auf die frisch besäten Erdfurchen fließen, damit Leben zu Leben komme und das Menschenblut fruchtbringend in das Erdreich eindränge.

Den Jahreskönig oder auch eine Jahreskönigin erwählten wir aus unserer Mitte. Eine Herrschaft, welche für all das Gelingen in unserem Volke den Herrinnen und Herren der Erde und der Himmel ein Fürbitter sein sollte.

Und wenn nach Jahresablauf dieses Menschenwesen freiwillig, in vollem Bewusstsein seiner Würde und seines Auftrages für das Gedeihen unseres Volkes in den Opfertod *geht, dann verströmt auch dieses rote Blut in die Wiesen und Felder, auf die fleischspendenden Tiere und sorgt für Fruchtbarkeit, für Reichtum, für das Leben und für das Überleben aller. Denn nach dem Prinzipe der sympathetischen magie bringt uns das lebendige Blut neues Leben in die Erde, in die Pflanzen und in die trächtigen Tiere zurück. Gemeinsam brechen wir dann das Brot und gemeinsam trinken wir dann den heilsamen Trank. Gemeinsam! Gemeinsam!*

Seltsam hell klingt der Stein – bimm, bimm –

- bimm – bimm -

...wieso gerade jetzt? Wieso ruft gerade jetzt die Glocke in meinen Wachtraum hinein und läutet zur *vesper*? Ach ja! Es ist ja wieder einmal die Zeit vor Ostern, was ich in meiner Alters-Schreibewut schon vergessen hatte. Es ist also die Zeit, in der am heutigen Abend der HERR Jesus mitsamt seinen Jüngern beim Abendmahle in der Runde auch das Brot gebrochen und den Wein gespendet hat. Nach Matthaeii, so ich es noch richtig hersagen kann:

„Während des Mahles nahm Jesus das Brot und sprach den Lobpreis; dann brach er das Brot, reichte es den Jüngern und sagte: Nehmt und esst; das ist mein Leib. Dann nahm er den Kelch, sprach das Dankgebet und reichte ihn den Jüngern mit den Worten: Trinkt daraus; das ist mein Blut, das Blut des Bundes, das für viele vergossen wird zur Vergebung der Sünden."

Bin ich, Mannanon, gar so weit entfernt, bin ich gar so falsch in der Verquickung meines Wachtraumes aus urururalten Zeiten mit der frommen Legende aus den letzten Erdentagen unseres HERRN Jesu und dem, was auch er sagen wollte? Gemeinsam! Gemeinsam sollen wir das Brot brechen und gemeinsam sollen wir das Blut trinken – vergießen – um ein sorgenfreies, sündenfreies Leben zu gestalten.

Gemeinsam im Kreise aller, die mit uns sind und die wir lieben, achten und ehren. Und gemeinsam sollen wir unser aller Leben schaffen! Mit Ritualen, welche aus scheinbar unendlich vergangenen Zeiten auf uns überkommen sind und an deren Urgrund wir uns kaum noch erinnern können, da die Übermittler, die Vermittler, lange schon nicht mehr unter uns weilen. Und doch hat jedes Volk seine Erinnerungen an seine Herkunft und an seine schönen und auch schweren Stunden durch die Münder der Sänger, der Barden, der Weisen, der Schamanen, der kundigen Weiber und auch seiner Priester wieder und wieder an seine *Jünger(en)* weitergegeben. Weitergegeben und mit der Erfahrung und der Weisheit jeder neuen Generation aufgefüllt. *ite, missa est!*

Vor dem Fenster meiner Klause beginnen sich die Abendnebel aus dem Tal dichter und dichter zu ballen, Schwaden werden vom Winde zerrissen und ein fernes Abendrot legt sich nun im nebligen Schleierglanze über den Rosengarten.

Träume ich schon wieder einmal den Traum eines längst vergangenen Tages? Sitze ich noch hier auf meinem Dreibein vor dem Schreibpulte oder haben sich nicht schon wieder die Menschen meines Clans um mich herum eingefunden, damit ich ihnen aus der Geschichte unseres Volkes erzähle, so wie gestern und die Nächte davor, welche warm und weich waren vom Winde Tihanin. Der Wind aus dem Süden, welcher Sehnsüchte in uns allen weckt und uns in die Fernen treibt um Neues zu erleben?

„...setzt euch zu mir um das Feuer und lauscht meinen Worten, die aus ururalter Zeit berichten:

Wo wir auch hinkamen und wann wir auch hinkamen, immer schon waren sie da. Sie lagen und sie standen in den Ebenen, standen im Kreis, standen in langen Geraden in die Ferne hin gerichtet, kleiner und kleiner werdend bis zum Horizont.

Und immer wenn unser Volk oder ein Teil unseres Volkes auf seiner lebenslänglichen Wanderschaft die Ränder des Großen Wassers nach Mittag oder nach Sonnenuntergang oder in die Richtung der Nacht erreichte, gerade dort standen oder lagen sie schon und waren alt schon und überwachsen oder zerschlagen oder aufgehäuft zu Gebilden, welche unseren Leuten Angst machten mit ihren magischen Kreisen, mit der Stille in ihrer Mitte und der endlosen Weite, in welcher sie sich befanden.

Ja, immer schon waren sie da und keiner von uns weiß heute mehr, hat es nie richtig gewußt, was sie sind, woher sie kamen und welche Riesen sie zu welchem Zwecke auch aufgestellt haben.

Nur Ehrfurcht empfinden wir in ihrem Schatten, in ihren Kreisen und auch bei ihrem Klange, wenn der Sturmwind zwischen ihnen heult oder unsereins mit einem Handstein an sie schlägt. Und fast immer sind in ihrer Nähe Hügel von solch einer Größe, daß ihr es euch gar nicht vorstellen könnt, wenn ihr nicht nahebei stehen konntet.

Ja, sie waren immer schon da und sie waren nicht von unserem Volke.

Und die Geschichte unseres Volkes wollt ihr doch heute nacht von mir hören, gerade heute Nacht (1) , wo wieder einmal der Beginn eines neuen Jahres, eines neuen Sonnenumlaufes zwischen der Zeit der Lebenden und der Ahnen gefeiert wird in Saus und Braus. Mit den Früchten des Feldes und des Waldes, dem Honigbier und dem Gebratenen am Spieß. Wollen aber auch die Opfer an die Vorfahren nicht vergessen, denn wo und was wären wir ohne sie.

Ja, wo wärst Du ohne sie?

Setzt Euch also und hört zu. Wer einschläft, der soll schlafen und wer durstig ist, der soll trinken. Und wenn der Wind und unsere Götter und Göttinen des Waldes und der Quellen, der Fluren und der heiligen Bäume an meiner Hütte vorüber ziehen, dann seid still und dankt ihnen euer Leben und auch das eurer Eltern und eurer Kinder.

Es war einmal.............

es war einmal vor langer, langer Zeit, als euere Großeltern noch lange, lange nicht geboren waren und wir auch noch nicht hier in diesem Landstrich sesshaft.

Viele viele Händevoll Sonnenumläufe und Sommer und Winter also ist es her, daß in das Land unserer Vorfahren, daß in diese wilde rauhe Waldlandschaft (2) ein anderes Volk einbrach mit Rauben und Morden und Erobern und schließlich auch mit Bleiben, denn einige von denen nahmen sich unsere Mütter und Frauen und Jungfrauen und auch die Mädchen mit auf ihr Lager und so entstand nach und nach eine Mischung unserer Leute mit den Fremden. Fremde, hochaufgerichtet auf Schlitten, die auf runden, sich drehenden Scheiben lagen und von schlanken, hochbeinigen Tieren gezogen wurden, auf denen sie auch saßen und viel viel schneller waren als unsere Männer und

20

Krieger. Und sie hatten Schmuck an den Armen und um den Hals und Schwerter und Kriegsgerät. Von weit weit her kamen sie, denn sie sprachen mit anderer Zunge und wir konnten sie nicht verstehen. Sie besiegten uns, aber sie vermischten sich auch mit uns, sie lernten unsere Sprache und von unserem Tun in den Höhlen der Berge, aus denen wir das Erz brachen und dem Schmelzen des Erzes mit dem gerodeten Holz. So wurde ein Teil seßhaft, denn das Fördern und Schmelzen und Schmieden des Erzes und das Bearbeiten zu wunderbarem Schmuck, zu Kesseln, Schalen und Schwertern, das kann man nicht einfach im Weiterreiten erledigen. Aber auch das Sterben wurde anders als bisher. Nun ruhen nicht mehr unsere Ahnen, versehen mit Speise und Trank für die Überfahrt zu den Göttern, mit angezogenen Knien, wie auf dem Sprung zur Abreise in ihren Grabhügeln oder Gräbern, oftmals im Kreise ihrer Familienmitglieder, die ihnen folgten durch den offenen Eingang des Hügels; sondern die immer eilig Weiterziehenden nahmen ihre Altvorderen stets mit auf die Reise. Und das in Tonkrügen, in Urnen, die geformt waren wie eine umgestülpte Glocke. Und nach und nach gewöhnten wir uns an diese Tradition unserer Bezwinger, auch im Tode einzeln, also allein zu sein (3).

Das alles begann in einer Zeit, so sagen es die Alten, in der ein Zweig des Siegervolkes (4) *mit großer Macht einbrach in ein Königtum, welches in einem Lande herrschte, welches nie den Regen erlebt, welches nur bewässert wird durch einen großen, breiten Fluß, der das Ufer jedes Jahr wieder mit fruchtbarem Schlamm beschenkt und darauf das Leben, die Ernte, die Menschen ihr Geschick aufbauen. Und in diesem Lande begann man zu der Zeit gerade Stein auf Stein zu richten, unten breit und immer höher steigend. So hoch, daß euere beiden Hände und Finger viele Male gezählt werden müssen, um die Männer aufeinanderzustellen, die bis zur Spitze reichen. So hoch sollen die Bauwerke sein, damit die Könige auf ihrer Totenreise dem Himmelszelt* näher sind und schneller zu ihren Göttern gelangen können. Ja, um diese Zeit, so weit zurück ist es gewesen, daß unsere Vorfahren sich mit dem neuen Volke mischten. Und die Mischung wurde eine erfolgreiche. Denn Jahr um Jahr nahm unser neues Volk zu an Menschen, an Reichtum, an Wissen und auch an Stärke. So vergingen wieder viele Sonnenumläufe. Die großen Bauten in dem fernen Land wurden fertig und begannen auch schon wieder zu zerfallen, da reichte unserem Volk der Platz nicht mehr aus. Oder es wurde auch wanderlustig. Oder beides. Nein, auch neues Reitervolk kam von Osten und bedrängte uns.

So zog ein Teil in Richtung Mittag (5). Natürlich ging das nicht so schnell wie heute, wo fast jeder mit dem Gespann und einer Menge Vorrat loszieht, um in einigen Sommern die Verwandtschaft zu belästigen.

Nein, langsam. Jahr um Jahr sich vorwärtsschiebend, einige Zeit ein festes Lager aufschlagend. Gesät, geerntet, Kinder gemacht und geboren, ein Kampf, ein kleiner Krieg mit einem anderen Volk – so nach und nach kam man an dem riesigen Gürtel aus Stein, an den Bergen an, welche den weiteren Weg in den Süden versperrten.

Was tun, ihr Götter der Quellen und der Bäume? Rate Du uns, Göttin DANU (6). Bitte hilf uns.

Einige zogen in Richtung Sonnenaufgang an dem Flusse entlang, blieben in Bergen eine Zeit (7), um das kostbare Salz abzubauen und mit diesem Handel zu treiben.

Andere zogen weiter und weiter und von denen berichte ich später, weil ich lange Zeit keine Kunde von ihnen erhalten habe. Aber sie sollen bis in die Nähe dieses Königreiches mit den hohen spitzen Steingräbern gekommen sein (8).

Na ja, was heißt Nähe – wie weit fliegt die Krähe, wie weit bläst der Wind – weißt du es, mein Kind?

Der Stamm, in dem ihr lebt, siedelte auf hunderte von Jahren hier in dem kleinen Höhenzug, der sich von Sonnenaufgang bis Sonnenuntergang erstreckt. Wir schufen und handelten am Kreuz zweier alter Wege von Süd nach Nord und von West nach Ost. Manches kam sogar aus der griechischen Siedlung Marcillia auf diesem Wege zu uns. Kunstfertige keltische Schmiede schlugen auf den unweit von uns entfernt liegenden zwei fast Gleichen Bergen schon das kostbare Eisen glühend zu Schwertern und auch zu Pflugscharen, als das Große Rom noch nicht einmal in die Windeln schiß. Und hier sind wir eine lange Zeit geblieben.

Andere Stämme zogen in Richtung Sonnenuntergang und nach und nach verdrängten, bekämpften, besiegte unser Volk andere Stämme, besiedelten neues Land, zogen mit unterschiedlich vielen Jahren Rast und Ruh dem Horizonte zu, von dem wir in diesem bewaldeten großen Land nichts sahen. Und noch weniger ahnten, daß wir am Ende wieder an das Große Wasser stoßen würden.

Und überall dort, wo wir an das Meer stießen, überall dort fanden wir die Steine vor. Und weil wir überall an Meer stießen, glaubten wir, auf einer riesigen Insel zu sein. Wir setzten von Insel zu Insel über, lagerten und richteten feste Plätze zum Wohnen ein, so wie unser Oppidum, in dem wir heute leben. Auf den Inseln schürften unsere Brüder Zinn und andere Erze (9), wir trieben Handel mit den Völkern der Phönizier, der Karthager und denen aus dem hohen Norden. Bis nach dem Lande Persien wollten einige von uns mit dem Schiff in dem Meere gekommen sein, welches von oben ausschaut wie zwischen dem Daumen und dem Zeigefinger, wenn sie gekrümmt aufeinanderzu stehen (10).

In dieser Zeit war unser Volk zahlreich wie die Sterne am Himmel und die Götter waren mit uns. Alles war uns heilig. Der Stein, der Quell, der Hain, der Baum und das Tier. In allem wohnten unsere Göttinnen und Götter und jeder Stamm hatte die seinen. Nur einen König hatten wir nicht, denn wir hatten kein Reich, sondern nur unsere einzelnen Stämme mit den Mutigsten an der Spitze, die uns anführten in Not und Gefahr und die mit uns stritten und *liebten und schafften in guten Zeiten. Lose waren wir alle verbündet und das brachte schließlich unseren Untergang als großes Volk.*

Hinter den großen Bergen, den Alpen gestaltete eine neue Macht ihre Umwelt durch straffe Organisation, durch Ordnung und feste Regeln, die aufgeschrieben von klugen Männern, ständig um die Menschen war. Und mit dieser festen neuen Ordnung konnte sich unser freies Leben letztendlich nicht mehr messen. Als einer unserer Stämme die feste Stadt dieses Volkes, Rom, angriff, sechs Monde lang besetzte, plünderte und so gut wie zerstörte (11), nannte man unser Volk schon die Gallier, von dem griechischen Wort Keltoio abgeleitet (nun lacht nicht, das griechische Wort für die weiße Milch heißt **KEL**, ich denke, wir waren mit unserer weißen Haut für die mediteranen Griechen einfach gesagt „die Bleichgesichter") und unsere Landstriche nördlich und westlich der Alpen wurden später Gallien genannt. Wir waren die Kelten, waren die Gallier, geworden – wir selbst nannten uns in den verschiedendsten Namen.

So besiedelten wir viele hundert Jahre, bis zu unserer Bedrängung durch die südwestwärts ziehenden Germanen-stämme und der Vernichtung durch die Römer das ganze heutige mittlere Europa, welches in der Zeit, in *der ich euch das alles erzähle, zusammen mit allen Ländern um das Mittlere Meer zum Römischen Reich gehörte (12).*

In einer mutigen Schlacht wollte der einzige Fürst unserer Völker, der jemals versucht hat, unsere tapferen Krieger, die nackt und furchtlos, im Blutrausch und den Göttern geweiht sich in den Kampf stürzten, in einer festen Disziplin und Ordnung zum Siege zu führen, unsere Völker noch einmal gegen die römischen Legionen führen.

Vercingetorix – du Großer – 60 mal tausend Krieger und Frauen und Kinder wurden im Oppidum Alesia eingeschlossen durch 100 mal tausend römische Soldaten und sie verhungerten, starben kämpfend und der Fürst ergab sich schlußendlich und wurde 6 Jahre später zur Freude der römischen Massen erdrosselt (13).

Mit dieser Zeit war unser Volk endgültig zerschlagen. Nur auf den britischen Inseln überlebte unsere Ordnung, unsere Religion, unser keltisches Wesen noch über 100 Jahre und splitterte auf die vielfältigsten Stämme und Namen, blieb von unserem ruhmvollen Erbe immer noch die Sehnsucht nach der unverfälschten, im Lichte des verklärenden Ruhmes, so herrlichen Zeit.

Und diese Zeit hat sich bis heute hinübergerettet in den Legenden um den König Arthus und seine Gesellen, von der Fee Morgaine, von Tristan und Isolde, von Lancelot und Gwynnifeyw, von Merlin, dem Druiden und der Fee Nomiea.

Diese Zeit ist es, meine Kinder, in der die heutigen Menschen ihre Sehnsüchte nach Ruhe und Geborgenheit, nach seelischem Genügen und nach der Reinheit der Gedanken und des hehren Handelns wiederfinden möchten und sie wissen nicht oder wollen nicht wahrhaben, daß unser Leben ein verdammt rauhes, kämpferisches, überlebensnot-wendiges Leben war mit Kampf und Tod und Mord und Hunger und Verrat, mit Liebe und Treuebruch und Falschheit und Gier, voller Lust auf alles Schöne, auf den Rausch und den Rausch des Vergessens, des Prahlens und der Stärke, des Rausches der Gefühle – ja! Nichts Menschliches war uns Kelten fremd! Wir waren und wir sind das Leben und wir werden das Leben sein – jeder auf seine Art und Weise – so wie ihn unsere Götter gemacht haben und wie er sich selber macht –

Was aber ist nun mit den Steinen, die wir überall schon vorfanden?

Wollt ihr meine Gedanken darüber noch heute nacht hören, ist es nicht doch schon tief am Morgen?

Also gut. Aber vergeßt alles, was ihr bisher wußtet. Legt eure bisherigen Glaubensbekenntnisse zur Seite und laßt euch meine Worte wie einen durchsichtigen Schleier um die Häupter wehen. Laßt sie eine Glocke sein, die irgendeinmal in euch zu klingen beginnen kann, wenn ihr eines Tages mit dem, was ich sage einverstanden sein könntet.

Was also ist mit den Steinen?

Weit muß ich ausholen. Weit hinein in die Jahrtausende. Tiefer als bis zum Anbeginn unseres Volkes muß ich euere Phantasie mitnehmen. Folgen müßt ihr mir dorthin, wohin noch niemals ein Heutiger geschaut hat. Und ihr müßt euch anstrengen, mir einfach nur zu glauben.   ....es war einmal.... eine zeit, in der das eis gebunden war hoch im norden der erde und auf den spitzen der berge, das eis, so hoch und stark und fest, daß die wasser der meere viel tiefer lagen als heute (14), das war noch einmal und noch einmal so lange vor der zeit, als die ägypter überhaupt begonnen hatten, ihre pyramiden zu bauen, in dieser zeit besiedelten uns unbekannte menschen die küstenlandschaften rund um das mittlere meer und die ränder des festlandes bis hinauf in den norden, auch auf den inseln, welche die griechen später die hyperboräischen nannten, die inseln über dem winde borea (15), also weit weit oben in der ferne, diese menschen waren nicht allzu zahlreich für heutige verhältnisse aber sie waren stark und sie hatten zeit, tausende von sonnenumläufen und hunderte von winterwechseln, nun muß man wissen, daß durch einen großen gezeitenstrom im *westlichen meere diese landstriche in einem anderen klima lagen als heutzutage, die sonne schien aus einem blauen himmel und die meere waren klar und still, geschaffen zur schiffahrt und zum erkunden ringsum, durch das klima konnte wenigstens zweimal das korn reifen und der apfelbaum wuchs und blühte und trug frucht selbst an der spitze der hesperiden und noch höher und höher hinauf auf den heutigen irischen landen, es war ein fruchtbares land, ein fruchtbares leben und eine fruchtbare zeit, diese menschen lebten gemeinsam in frieden, führten keine kriege, standen sich in not bei und sie begruben ihre toten unter großen hügeln, welche nach osten hin offen waren und die gebeine der verstorbenen aufnahmen und ihre seelen beherbergten, so lange, bis diese in die himmel, in das land unter den himmeln auffuhren,*

und nun, meine lieben, komme ich endlich wieder zu den steinen, die sich in einigen gebieten in solcher vielzahl auffinden lassen noch heute,

sie sind richtungsweiser,

ja, ihr habt richtig vernommen,

***sie sind richtungsweiser** – wohin aber?*

Und schon wieder muß ich ausholen und an eurer erfahrung rütteln:

ist es euch nicht schon einmal so ergangen, als ihr auf einer glutüberströmten wiese lagt oder über eine große ebene heiße fläche schautet – wasser oder eine ebene oder einen weg, nur flach mußte es sein und heiß mußte die luft sein, dann flimmert es in der nähe und in der ferne und manchesmal spiegeln sich gräser oder bäume so eigenartig in der luft, (später hat man das wort ,fata morgana' (klingt es nicht wie ,fee morgane'?) erfunden, das sinnbild für luftspiegelung),

nun sahen die alten und die weisen und auch das normale volk der damaligen menschen über eine weite fläche, das meer lag tiefer als heute und die luft war klarer und die wetter ruhiger, sie schauten hinaus auf die dem lande vorgelagerten inseln und hin und wieder riß die heiße luft ein inselland schier in die höhe, in den himmel hinein, kippte das fundament spiegelbildlich (diesen begriff gab es noch nicht, aber das phänomen war wunderbar) nach oben und so erschien am horizont plötzlich ein turm, ein land, durchsichtig, luftig, hauchzart und windzerblasen, schien sich zu bewegen und auch stillezustehen, schuf eine verbindung zwischen dem meere und dem himmel und verschwand nach einiger zeit, auch über dem offenen land konnte das geschehen mit höheren hügeln und bergen und was lag da näher, als die toten in solchen hügeln zu bestatten oder in der ebene große hügel um die gräber zu bauen, oder auch, wenn keine hügel und berge vorhanden sind, kreise aus hohen steinen aufzurichten wie in stonehenge und anderswo in der bretagne, damit die seelen der toten über diesen weg in die himmlische anderswelt gelangen konnten, wenn sich die spiegelungen über dem meer manchesmal füllten mit bewegten gestalten, wenn bäume zu sehen waren, die vielleicht die spiegelungen echter bäume auf echten inseln waren, auf denen menschen und tier sich bewegte, so mußte es dem betrachter erscheinen, daß er einen blick auf eine andere welt hat werfen können, einen blick also auf und in die anderswelt, welche in keiner legende, in keiner mythe jemals klar und deutlich geschildert ist, und um diese möglichkeit des übertrittes der verstorbenen seelen in die himmlischen gestade auch zeitlich voraussagen zu können, aus diesem übertritt ein fest, ein ritual, eine feier machen zu können, waren die klügsten und die weisesten und die technisch begabtesten beauftragt, mittel und wege zu finden, und ein mittel und ein weg dazu waren die langen geraden linien der aufgestellten steinblöcke, hinweisend auf einige große, dem festland vorgelagerte inseln, vor allem in der gegend von carnac, wo auch hügelgräber und steinheiligtümer in mengen zu finden sind, kerne hieß die hauptstadt von atlantis, klingt da nicht manches?, der gott und herrscher von atlantis war der meeresriese atlas, ein sohn der meeresnymphe klymene, sagten die griechen, war vater der plejaden und der hesperiden, und stützte als säule den himmel ab (16) , er war das fata-morgana-bild einer zum himmel gespiegelten insel, in welcher man das urbild des göttersitzes und der helden sah und ebenso den eingang zum paradies, immer wieder wurden in dieser zeit solche himmelsinseln, auch südwestlich von irland gesichtet und viele jahre noch als phantominseln auf guten seekarten vermerkt, **und immer wieder kommen nach der besonders guten sicht auf diese ätherischen erscheinungen große und heftige stürme auf,**

und so kommen wir auch hier wieder auf die vergangenheit unseres keltischen volkes zurück, denn in einer seiner ältesten mythen ist der untergang dieses atlantischen volkes beschrieben,

aber ich muß noch einmal ausholen,

in der erzählung von atlantis, welche solon, der griechische staatsmann vor langer zeit von den ägyptischen priestern in der gelehrtenstadt saiis aus deren aufzeichnungen vorgelesen bekam und die der philosoph platon 200 jahre später in der ,politaeia' und im ,kritias' teilweise aufschrieb, wird das reich der atlanter durch einen heroischen feldzug der jungen griechen, einer invasion einer indoeuropäischen neuen kultur, glockenbecherleute, ihr erinnert euch an das volk, welches sich eingangs mit unserem urvolke vermischte (17), angegriffen, und, weil die atlanter im kern ihres verständnisses friedlich waren, wurden sie letztendlich besiegt und vernichtet; und in der legende, der mythologie geht die gesamte insel in den wogen des ozeanes unter und ward nie mehr, bis auf den heutigen tag, nie mehr gesehen und auch nicht durch tiefste forschung wieder aufgefunden; gab es diese also nicht?

war sie die erzählung der griechischen philosophen von der sehnsucht nach dem goldenen zeitalter, in dem die

menschen keine kriege kannten, in welchem überfluß
herrschte und frieden und wohlstand und glück und freude
an der schönheit aller dinge herrschte? ist diese sehnsucht
nicht verständlich – alle jahrtausende hindurch?

also, **atlantis geht unter,**

das ist die letzte mär, von wem auch immer, an die „neue
welt" – und dabei belassen wir es aber nicht –

denn ich habe es ja eingangs und zwischendurch immer
wieder eingeflochten: sie waren immer schon da, die steine,
egal, wo wir kelten hinkamen und wann wir auch kamen,
sie waren immer schon da, so auch auf den irischen inseln,
auf denen heute noch unser keltentum fast unverfälscht
durch die zeitläufte sich hat retten können und so auch
seine legenden und mythen,

eine davon ist der spiegel zu allen unseren bisherigen und
heutigen denkungsarten über uns selbst, über unsere
anderswelt, über unser kommen und kämpfen und siegen,
denn mit kämpfen und siegen hat auch dieser Mythos zu
schaffen:

bevor die unsrigen die irischen inseln eroberten, wohnte
dort das volk der ‚thuatha de dannan', der ‚kinder der göttin
dan', und die steine waren schon da, dreimal griffen wir
über das meer mit kriegszügen an, wurden
zurückgeschlagen und letztendlich besiegten wir die
‚thuatha de dannan', sie verpflichteten sich, die welt unten
zu bewohnen und zu beherrschen und wir die oberwelt,
lange zuvor hatten die ‚thuatha de dannan' ein unbekanntes
volk der formosier, ungeheuer von denken und gestalt in
einem langen kampf besiegt und die steine waren schon da,
diese bewohnte insel, irland, wurde also vor langer langer
zeit durch ein vorkeltisches volk auf einem streifzug, aus
dem mittleren meere kommend, angegriffen (18), es schickte
sich an mit 30 schiffen, so die legende, den überfall zu
wagen, es sah aber auf dem meer **‚die insel mit dem
gläsernen turm'**, für sie das sagenhafte atlantis, das reich
des atlas mit seiner goldreichen hauptstadt, und es änderte

seinen kurs, um erst dieses reich zu erobern, es griff mit 30 schiffen an, ein großer, schwerer sturm kam auf, so stark, **daß ‚der meeresboden über dem wasserspiegel hochkam‘,** die insel, das trugbild einer insel, zerstob im nebel und im wind und im furchtbaren sturm und keines der 30 schiffe entging der vernichtung; nur ein einziges schiff samt besatzung, welches wegen einer havarie nicht in den angriff gehen konnte, sondern von weit weit zurück diesem angriffsschauspiel zuschauen mußte/konnte, dieses einzige schiff entkam, fuhr in nöten zurück und verbreitete die schreckensbotschaft in allen häfen, welche es anfuhr (19),

so könnte die legende von untergang der insel atlantis – der ‚tochter des atlas‘ entstanden sein,

...in ägypten entstand so, zugleich mit den siegen der indoeuropäer auf dem festlande über die anderen stämme der Atlanter, welche dann geschichtlich keine rolle mehr spielten und ausgelöscht waren, der feste eindruck, daß es das reich atlantis als bedrohung ihres eigenen reiches nicht mehr gibt (20) – **daß ATLANTIS untergegangen sei –**

Und unsere Kultur, ihr Lieben, die ihr mir immer noch zuhört, obgleich die Vögel schon wieder ihr Lied anstimmen und die Morgendämmerung den Himmel rötet, unsere Kultur hat vieles von den Mythen dieses alten Volkes aufgesogen, hat sich die heiligen Plätze auch zu eigen gemacht, Neues hinzu gebracht und so glauben viele Menschen heute, die Anderswelt wäre unsere Erfindung.

Ich denke, das lassen wir sie auch glauben, wenn es nur hilft. Und es wird helfen, das Gewicht der einzelnen Seele mit dem Gewicht der Seelen alles Seienden in den Einklang zu bringen. Wie der Einzelne das macht, das ist ihm freigestellt. Ich stelle da keine Regel auf, außer der einzigen Regel: TUN!

Und nun ist meine Kehle trocken. So werde ich erst einmal mein Horn mit Honigbier füllen und .....

...finde auch meinen Becher wieder randvoll mit heißem roten Wein auf dem Schreibpulte dampfen. Auch hängt die Kälte schwer in den Mauern und in den Tiefen meiner Kutte. Von der Salzach her wabert der Abendnebel herauf. Es lauern die Schwaden feuchter Luft flugs durch das offene Gemäuer in meine Zelle einzudringen. Klamm ist es und feucht. Die Finger umfassen gefühllos den Kiel der Schreibfeder, am Tintenfass bildet sich ein Rand dünnen Wassers und die Schrift wächst aus in eine Krakelei, welche ich morgen kaum noch lesen kann und bestimmt überschreiben muß. Hätte ich doch nur ein wenig Holz und eine Feuerstelle. Nein, Herr, verzeih mir diesen sündigen Wunsch. Das Holz und die Feuerstelle sind ja nur im *refectorium* und in der Kammer des Priors zu finden. In der großen Kammer des Priors davon aber eine ganze Menge – keinen Neid, mein Lieber, laß ja keinen Neid aufkommen! Dennoch ist die Sehnsucht nach einem kleinen bißchen Wärme in mir sehr groß, wo doch alle meine Vorfahren das Feuer so geliebt haben, es herbeigesehnt haben zu Zeiten, in denen dieses zum Überleben wichtig war. Was heißt heute schon kalt! Heute, um das Jahr 781. Haben wir nicht Behausungen aus Stein? Die Eingänge verschlossen mit Türen und die Lichtöffnungen verschließbar mit Fellen, Tüchern und auch mit Pergament? Keiner von uns erinnert sich mehr der Zeiten, in denen die Menschen in Erdgruben, bedeckt mit Baumstämmen, Gras und Erde, hausten. Ein Loch in der Höhe. Heraus dort der Rauch des immer schwelenden Feuers, welches auch schon junge Augen trübe machen konnte, Husten aus der Brust röhren ließ, dennoch immer ein warmes Wasser für Kräuteraufguss bereit hielt in tönernem Topfe. Aufgehängt an einem Strang Tiersehne oder an trockenen Borkenstreifen. Und wenn die schneidenden Winde aus dem Nordwesten nachließen und das erste Grün mutig den fortschmelzenden Schnee durchdrang, dann, ja dann schrie alles Volk auf im Glück. Wieder einmal haben wir eine kalte, ja, arschkalte Jahreszeit überlebt! Wieder einmal.

Keiner heute weiß mehr und ahnt es noch kaum, was dies für eine Freude war bei allen, die aus den Löchern und Höhlen und Hütten sich in die lindere Luft, ans Licht der ersten warmen Sonnenstrahlen schälten; sich das erste Mal wieder am offenen Bach den Ruß, den Dreck, den Schweiß und den Gestank vom Körper wuschen.

Sonne - sunna – sun – sole – und was sie auch immer gerufen haben mögen – sie hatten überlebt! Ein neues Jahr – ein neues Spiel im Leben – das ist der Grund für die tiefe Freude am Frühling.

Und einige Tiere hatten Lämmer geworfen, die Hasen im Felde hoppelten in Mengen einher, das erste Grün auf Wiese und Busch und Baum labte das Auge und so gaben sie dieser Jahreszeit auch ihre Göttinnen und dankten ihnen. *Ostera*, so weiß ich, hieß eine bei den Germanen und den Wikingern, *Imbolc* und *Beltaine* feierten meine keltischen Altvorderen – aber das lasse ich den Marcinius mal ausbreiten – Ostera – Ostern.

Ja, ja, der Große Gregor! Hat doch dieser wirklich schlaue Pabst Gregor in seiner Herrschaftszeit einen bedeutsamen Schachzug gemacht. Nachdem im Niccäischen Konzil 324/25, einberufen durch den noch gar nicht christlich getauften römischen Kaiser Konstantin, das Fest der Grablegung und der Auferstehung des Herrn Jesu, um es vom jüdischen Passah-Fest abzugrenzen, auf eine Woche später gelegt wurde, also auf den ersten Sonntag, welcher dem ersten Vollmond nach der Frühlings-Tagundnachtgleiche folgt; ja, da hat der schlaue Gregor in seiner Bulle *anno 568* verkünden lassen und damit absolut gemacht, dass die „heidnischen Feste und die heidnischen Tempel und Opferstätten nicht zu zerstören sind, sondern zu räuchern, zu weihen und mit christlichen Symbolen und Namen zu versehen sein sollen". Und so wurden nun aus vielen „heidnischen" Festen und „heidnischen" Tempeln und Opferstätten die Grundsteine für die Feierlichkeiten, die Feste und die Kirchen und die Kathedralen der Christenheit. Und so wurde auch aus dem Feste zur Ehren der Göttin Ostera zeitlich nahe das Osterfest.

Aus unserem keltischen *Imbolc, Beltaine, Lugnasad und Samhein* – Maria Lichtmess, das Osterfeuer, das Erntedankfest und Allerheiligen/Allerseelen. Aber darüber kann Ian der Schmied über dem Hallstätter See noch einiges berichten. Manche Feierlichkeit anderer Völker, jahrhunderte, ja, jahrtausende alt, viele verehrungswürdige heilige Stätten wurden um-gewidmet zum Lobe unseres HERRN Jesus – und es gelang!

Und noch ein anderes Ziel hatte Gregor ins Auge gefasst:

Um die Zeit herum, als die Franken das Reich der Thueringe ausgelöscht hatten, begannen die großen Volkstämme unter dem Rest der Kultur, dem Rest der Denkweise und auch dem Rest der Rechtssprechung ROMs sich auszubreiten mit Feuer und Schwert. Die

Sachsen und die Angeln hatten schon lange mein britonisches Heimatland an sich gerissen. Der Volkstamm der Vandalen war bis Afrika gezogen und hatte Karthago noch einmal vernichtet und das Land in Besitz genommen. Ein Teil des Gotenvolkes zog nach Iberien und Aquitanien. Die Goten im Osten streiften ins heutige Italien und besetzten den Landstrich an der Adria. Die Burgunder schafften sich Platz westlich der Alpen. Und die Goten, die Burgunden und die Vandalen hingen dem Arian an und glaubten nicht an die Wesenseinheit von GOTT-Vater und Jesus, seinem Sohn – also letzendlich aus päpstlicher Sicht sogar Ketzer. Spannung, Häresie, Spaltung, Verfolgung wurde Programm für Jahrzente.

Die siegreichen Franken besetzten vieles Land und siedelten vom Main bis an die Grenzen des Nordmeeres und der westlichen See. Überall war Umbruch, überall war große Unsicherheit!

Völker, Stämme, Clans vermischten sich. Notgedrungen. Es vermischten sich Sprachen und Sitten. Es vermischten sich auch die Sagen und die Berichte, die Lieder und die Weisheiten dieser Völker, so daß in der Zukunft kaum noch der Ursprung zu ermitteln sein wird. Und später die Araber in Iberien und dann die Hunnen!   Heijo, die Hunnen!   Da kommt noch etwas auf das Abendland zu, glaub mir, Mannanon.

So wurde nach und nach durch den Niedergang Roms alle Weltenordnung zerrüttet, wurden ganze Landstriche zerstört; waren die Kultur und die Bildung am Boden, Wirtschaft und Versorgung auf ein vorzeitliches Niveau gesunken und Fürsten,

Könige, Metropoliten und auch Päbste, ja, auch Päpste machten sich die Macht im Abendlande streitig.

So war es nur folgerichtig, daß diese neue Religion und die lateinische Sprache und die lateinische Schrift zu dem einzigen, zu dem einigenden Band dieser so wirren Zeiten werden konnte und mußte.

Aus diesen Gründen auch hat der Große Gregor unter seinem Pontifikat die Verfolgung und Vernichtung der Heiden untersagt und durch diese Bulle öffentlich gemacht. Abgewandelt: ‚Nur ein lebender, schaffender Heide ist ein guter Heide und kann über kurz oder lang ein guter Christ werden!‘ Es ist schon so und es wird so bleiben: Die geistige Haltung der Herrschenden wird immer zur herrschenden Geisteshaltung auf dem Erdkreis.
ad multos annos.

Sollte man viel später nach meiner Zeit *„o tempora, o mores"* schreien: wir haben jetzt auch unsere Zeiten und haben jetzt auch unsere (zum Teil verderbten) Sitten.

Aber eine angenehme Sitte hier im alten rupertschen Kloster zu Salzburg ist es, den bejahrten Brüdern heißen Wein zu trinken zu geben. In Holzbechern! Für heut laß ich es erst einmal genug sein und ich leg mich auf meine Pritsche, wickele mich fest in die doch schäbig dünne Kutte und versuche mich in warmen Träumen bis das der Hahn mich ruft – *domine mea*, laß es keinen roten Hahn sein, trotz meiner Freude an der Wärme und dem Feuerspiel.

......Feuer spielt zu meinen Füßen, der Kreis ist geschlossen, brennende Holzstäbe erhellen das Rund des Eichenkreises...

Es ist nicht der Schrei um die Gefahr einer Feuersbrunst im Konvent, der mich aus meinem Wärme vortäuschenden Schlafe reißt – es ist der Schrei eines Novizen, der unangemessen laut sich über den Zustand der Latrine im Gang vor meiner Zelle beschwert. *locus* – der Ort, später das Örtchen, das Sch...haus, später einmal die Toilette, das OO, *ect. ect,* genannt. Über diesen Ort und die manchesmal darauf im Schweiße unseres Angesichtes verrichtete Tätigkeit wird fast nie etwas berichtet oder geschrieben. Und doch gehört auch das zu unserem Leben wie das Atmen und das Essen. Unser *locus* ist eine steinerne Nische in der Außenwand des Klosters, unter der vorbeigehen zu müssen ich nur meinen ärgsten Feinden zumuten könnte. Wenn auch das Wort des Herrn Jesus ‚Liebe Deine Feinde wie Dich selbst' lautete, so hatte ich doch auch davon eine ganze Menge in meinem früheren Wandern auf dieser Welt. Doch zurück zu diesem *locus,* welcher auf der Unterseite dem Winde und dem Regen ausgesetzt ist, so daß die manchmal linden oder auch heftigen Lüfte unser Hinterteil umspülen.

Ja, und je nach dem, wie locker oder wie hart der herausgepreßte Leibesmüll sich darstellt, je nach dem benutzen wir ein wenig trockenes Moos oder Gras oder einfach NICHTS für die Reinigung des hinteren Ausganges. Den Eingang reinigen wir ja mit dem guten Roten oder ein wenig Salz, welches wir auf die Zähne reiben. Aber von diesen werden es auch von Jahr zu Jahr weniger. Und wenn wir uns eine Weile mit Nichts auf dem *locus* begnügt haben, dann sind wir vom Geruche her wie alle anderen auch. So ist das halt in unserer Zeit ohne das viel, viel später so vorteilhafte (vielleicht sogar duftende) Papier.

Ha, unser kostbares Pergament dazu zu verwenden, das risse ja alle Löcher wund!

Nun hat das Geschrei auf dem Gange ein Ende gefunden. Ich drehe mich auf die Seite, um wieder in *morpheus* Armen zu versinken. (HERR verzeih mir den griechischen Gott) Vielleicht kann ich wieder an den wärmenden Traum anknüpfen? Wenn nicht der Wind so kalt durch das Fenster stäubte und meine müden Gedanken in aller Herren Winde zerstreute! Stelle ich mir also wieder eine lodernde Feuerstelle vor, welche mitten in einem Eichenkreise sich befindet. Die Flammen lodern auf, das Feuer braust auf, die Schatten winden sich im Rund und....

....eine alte Frau wirft mit unmerklicher Bewegung ihres linken Armes eine Handvoll Hanfsamen in die Flammen, welche in einer hohen Lohe duftenden Rauch in die Runde treiben lässt und ruft mit eindringlicher Stimme: „Träume nicht immer, Aina!

Aina. Ja, das bin ich! So ruft meine Mutter mich und alle anderen rufen mich auch so. Alle anderen, das sind vor allem die Tanten und meine Schwestern und Brüder, von denen ich auch die Namen kenne. Natürlich nur den Namen, mit welchem jeder sie ruft, denn der Wahr-Name, der ist ein Geheimnis. Diesen sagt nur die Mutter dem Neugeborenen ins Ohr oder man erfährt ihn durch einen

Zauber; und er muß ein Geheimnis bleiben ein Leben lang. Es ist wie mit Vielem, was man weiß: Man kennt den Namen, man weiß was es ist, man ruft es herbei und zerstört den Schleier des Geheimnisvollen auf immer! Namen kennen und benennen und rufen – das verleiht Macht.

Wenn einer der Onkels, welche in unserer Sippe leben und die mal kommen und mal gehen, vielleicht zu anderen Sippen tageweit in die Nachbarschaft, mal nicht mit meiner Arbeit zufrieden ist, dann ruft er: Aiiiinaaa! Das kommt aber nicht mehr so oft vor, denn nach und nach verstehe ich, daß auch ich mithelfen muß in unserem Stamm. Beeren sammeln, welche die Mutter mir zeigt, wenn wir gemeinsam im Walde auf die Suche gehen; die Pilze aus dem Boden drehen und das ganz vorsichtig, um den Nachwuchs für das nächste Jahr nicht zu zerstören; das stinkende Fell mit scharfen Steinen von Fleisch- und Sehnenresten befreien und zum Trocknen auf die Rahmen spannen. Den Dreck und die feuchten Binsen aus der Hütte tragen, welche tief in den Boden im Kreis gebaut ist und in der wir alle zusammen wohnen und uns aneinander wärmen.

Und wenn der eine Onkel mich mitnimmt, beim Holz schlagen zuzusehen und auch würzige Kräuter zu suchen, dann muß ich immer aufmerksam sein und mir die Worte merken, welche er zu jedem Baum sagt, bevor er die Axt aus Stein an den Stamm legt und in mühevoller, tagelanger Arbeit Stückchen für Stückchen, wie ein Biber, rundherum wegschabt. Manchmal zerbricht der Stiel oder das Lederband verrutscht und der Stein fällt heraus, oder, was noch schlimmer ist, der Stein zerbricht.

Dann geht er zum Steinschläger ganz hinten am Felshang und der gibt ihm, wenn er hat, einen frisch gespaltenen. Dafür aber muß Mutter Einiges von dem aufgesparten Essen, meist ein Stück abgehangenes Fleisch und zwei Töpfe mit Körnern geben und wir haben eine Zeit knapp zu essen. Und die Worte vor dem Baumfällen, die sind ja so dunkel in ihrem Klang, daß es mich jedesmal graust:

ahira ze nemeton	Ahorn im heiligen Haine
nemeeaa	Himmel
nit haptrme sannr	nicht hafte mir Strafe
segisn snid	Sichel schneide

Nachdem sich der Onkel vor der Sonne und den Bäumen verneigt hat, legt er die Axt an den Stamm und müht sich und müht sich, während ich eine Weile im Walde herumtolle und hinter jedem Busch und jedem Strauch die Feen und die kleinen und großen Waldgötter suche. Aber keine sind da oder sie sind gerade nicht dort, wo ich bin. Denn daß es die gibt, das habe ich bei schlimmen Gewitterstürmen und im kalten Winter, wenn die Schnee- und die Windgeister um die warme Erdgrube heulen, schon erlebt. Da fassen sie mit langen kalten Fingern durch die Ritzen der mit Gras und Moos gestopften Hausbalken. Sie reißen an den Fellen, die an der Tür hängen, sie jagen den Rauch durch die Deckenöffnung wieder in den Raum und sie heulen mit gräßlichen Stimmen um die Hütten und die Ställe. Dann zieht uns die Mutter zu sich an die offene Feuerstelle, legt die Arme schützend um uns Kinder und singt mit ihrer feinen Stimme leise ein Lied von der Sonnengöttin und dem warmen Frühling und von den guten Geistern des Feldes und des Waldes. Und sie erzählt uns Geschichten aus längst vergangener Zeit, als die Menschen noch in den Höhlen hausen mußten und sich vor dem wilden Getier, den Drachen und den Donnergeistern fürchteten. Aber sie erzählt uns auch von kleinen Kindern, die neugierig auf das da Draußen, zu tief in den Wald gegangen sind und welche gute Gnome wieder nach Hause begleitet haben. Ich glaube an solche Märchen schon nicht mehr, denn ich bin schon groß, ich darf den Müttern schon helfen und bei der weisen alten Frau aufräumen. Ich glaube, solche Märchen von den ungezogenen Kindern erzählen die

Erwachsenen noch in vielen vielen Frühlingswechseln, damit wir artig und stille sind und sie uns auch trösten können.

Ja, die alte Frau mit den weißen Haaren. Anfangs hatte ich Angst vor ihr und ihrem Grashaus, was am Rande unserer Hütten inmitten der hohen Bäume steht. In dem es immer dunkel ist. In dem es immer so komisch riecht und in dem es immer summt und brummt. Von der Decke hängen Felle, Federn, Lederriemen, Grasbüschel und Kräuter, schwer duftende Kräuter aus Feld, Wiese und Wald. An Holzbalken hängen Köpfe vom Bär und Fuchs und von der Eule und in dem Topf auf dem offenen Feuer brodelt immer eine so komische Suppe, die auch noch so blöd schmeckt. Aber die Mütter holen sich bei ihr Rat, wenn die Kinder mal krank sind oder wenn sich ein Mann bei seiner Arbeit verletzt hat.So wie mein Onkel Aulf, dem die scharfe Schneide des Beiles den linken großen Zeh fast aufgespalten hat. Ist der herumgehüpft. Hat der gejammert, bis die Alte lindernde Blätter aufgelegt hat..

Die Alte kommt, schwer auf ihren Stab gestützt, öffnet einen alten Lederbeutel; sie nimmt Kraut und Salz heraus, und je nachdem, was dieser und jener an Krankheit hat, streicht sie es auf die böse Stelle oder sie läßt das Zeug trinken. Aber immer begleitet sie dieses Geben mit Gesängen und mit Auflegen der Hände auf die kranken Stellen. Auch spricht sie lange unverständliche Worte, bewegt ihre Hände hin und her und rudert mit ihnen in der Luft herum, als könne sie damit die bösen Geister vertreiben und die guten Heilkräfte herbeirufen.

Oft stehe ich dann heimlich hinter ihr und mache die Bewegungen nach und brumme und summe so wie sie summt und brummt. Wenn ich groß bin, will ich auch so eine werden, denn das macht Spaß. Einmal hat sie sich schnell herumgedreht und mich noch fuchteln sehen. Jetzt schimpft sie , denke ich, jetzt schimpft sie mich aus. Aber sie sah mich nur lange an und nickte dann lächelnd mit dem

Kopf und drohte mir freundlich mit dem Finger. „Das hat noch Zeit, Aina, das hat noch Zeit." Sie hatte mich erwischt und ich war stolz deswegen. Jetzt will ich wirklich so eine werden.

Aber heute bin ich noch ein schon großes Mädchen, was noch nicht alles von dem weiß', was Frauen wissen müssen, denn mein Mondblut hat noch nicht mit mir gesprochen. Auch wenn ich neugierig meinen Schwestern hinterher lauere, wenn sie stolz hinter ihrem Ritualbaum verschwinden – dorthin zu gehen ist mir noch immer nicht gestattet. Aber bald muß es doch so weit sein. Denn so mager wie Eriaa um die Hüften ist, bin ich schon lange nicht mehr. Auch die Pickel auf der Brust schmerzen manchmal unter dem Fell des Hemdes und es sticht und kratzt auch schon oben zwischen den Beinen und es zieht so eigenartig. Dort, wo Mutter sagt, daß da auch das Geheimnis des Lebens sei.

Erwachsenengeheimnisse – puuuh!

Nun, manchmal gelingt es der weisen Frau, daß die Leute wieder gesund werden, na ja, meistens gelingt es ihr. Und wenn einer aus unserer Sippe sich hinlegt und die große Reise zu den Müttern des Früher antritt, dann begleitet die Alte uns alle zu dem Loche im hlaiw, dem Hügel, in welchen die Fortgegangenen liegen und schlafen, während ihr Geist auf der großen Wanderschaft ist..

Und der Körper wird auf die Seite gestützt, so, als ob er beim Hinhocken einfach umgefallen wäre und gleich wieder aufstehen würde; mit dem Gesicht nach Osten, damit er dahin blicken kann, wo jeden Morgen die Sonne aufgeht. Und wir alle geben ihm etwas mit. Ein Steinmesser, Ledersohlen, einen Trinkbecher aus Holz oder trockenem Lehm, einen Beutel mit Körnern und Nüssen und Eckern, damit er auf dem Wege zu essen hat. Bunte, durchbohrte glatte Steine und Muscheln auf einem Lederband und ein hübsches Band in das Haar und eine Feder. Manchmal legen wir der Frau das auch gestorbene Kind mit an die

Brust, daß sie beisammen sind auf der langen Reise bis zum nächsten hellen Sein. Und eine Schale Wasser gegen den Durst geben wir hinzu. Viel Kleidung nicht, denn in der Erde ist es ja nicht kalt und der Wind stöbert auch nicht so eisig dort herum. Einige Frauen und Kinder werfen noch Blumenkränze und Blüten mit hinein, damit die Seelen eine Freude haben auf dem langen Weg. Ich habe dem Onkel Aolf ein paar Zwiebeln mitgegeben, weil er doch immer so gern Zwiebeln gegessen hat und damit er auch dort so schöne lustige Töne hintenraus blasen kann. Denn das hatte er oft zu unserer Freude gemacht.

Wenn wir den Eingang zum hlaiw wieder bis zum nächsten Ereignis schließen, sind wir nicht mehr sehr traurig, denn wir wissen den Toten ja auf dem Wege in die andere Welt, in die alle anderen, welche mit ihm in dieser Dunkelheit liegen, schon gegangen sind. Und wir danken den Verstorbenen, daß sie denen Platz machen, die in diesem und in den nächsten Jahren in unserer Sippe geboren werden. Daß dieses Kommen und Gehen sein muß und zu unserem Sein dazugehört, das habe ich schon begriffen und ich wünsche den Gehenden von ganzem Herzen einen guten Weg und eine gute Ankunft – wo auch immer.
Morgen darf ich wieder mit in den Wald. Alle Männer werden einen ganzen Mondumlauf lang schlanke Eichenstämme suchen und sie dann in schwerer Arbeit

umschlagen. Nun werdet ihr ach so viele Jahre später Geborenen euch fragen, warum gerade Eichenstämme? Die muß man doch von ganz weit her zusammentragen, wo es doch gar nicht mehr so viele gibt! Da seid ihr Späteren aber toll im Irrtum: Zu meiner Zeit hatten wir ein ganz anderes Klima als ihr später. Da sind die Eichen das, was bei euch die Fichten und Eschen sind. Die Eichen wachsen überall vor unserer Haustür, ganze Landstriche sind von ihnen bedeckt. Es ist die alles bestimmende Baumart unseres Jahrtausends – mit euren Worten gesagt.

Die Männer vom anderen Tal und die von der anderen Seite des Flusses, der tief unter unserem Plateau wild einherfließt; sie alle bringen die Stämme dann auf die große Ebene, wo die weisen Frauen und die weisen Männer unserer Sippen einen großen Kreis aus weißem Kalk gezogen haben und einen noch größeren da herum und ganz außen wurde schon vor Jahren die Erde ausgehoben und zu einem Wall aufgeworfen Der Wall ist drei mal offengelassen und die Kreise an den gleichen Stellen auch. Wie groß die Kreise sind?

Habt Geduld , vielleicht kann ich mich verständlich machen.

Also: Wenn ich für jeden meiner Schritte einen Finger krumm mache und für beide Hände voll einen Strich auf die Erde kratze, dann habe ich so viele Striche gemacht, daß es drei Hände voll Striche sind. Das Wort dafür kenne ich nicht. Aber es ist ein ganz großer Kreis und dahinter noch ein größerer. Auf den Kalkstrichen entlang werden viele Löcher gegraben, eines neben das andere. Da hinein werden dann die Baumstämme gestellt und festgetrampelt.

Wenn ich das dann für euch mit dem Stock in den Sand ritze, sieht das so aus:

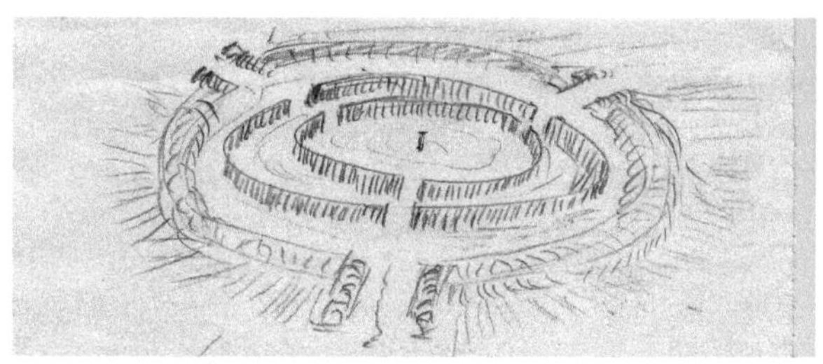

Ich stelle mich in die Mitte. Der große Eingang ist zu Mitternacht hin offen und die beiden kleinen Öffnungen zeigen nach Sonnenaufgang und nach Sonnenuntergang.

Durch die großen Lücke schleppen wir dann die Stämme, einen nach dem anderen und stapeln sie erst einmal dort auf. Viele, viele Eichen werden die Männer dem Walde abringen müssen. Damit aber die Göttinnen und Götter der Wälder uns nicht bös sind und besänftigt werden, darum feiern wir alle zusammen morgen Nacht ein Opferfest mit Singen, Tanzen und Essen. Wir alle zusammen. Groß und Klein. Alle zusammen.

Heute Abend schleiche ich mich wieder zu der alten weisen Frau und bitte sie, mir zu erzählen, wie und vor allem, warum das alles vonstatten gehen wird. Denn ich muß und will so viel, ja, so viel noch wissen. Denn wie sie mir schon einmal, als wir ganz allein waren, zuflüsterte: „Je mehr man weiß, desto interessanter ist es, Wissen zu erwerben. Weil jede neue Einzelheit sich immer wieder und wieder in andere, neuere, spannendere Zusammenhänge einfügt" Und ich kleine Aina bin schon ganz neugierig nach diesem Wissen und auch stolz darauf, es später weitergeben zu dürfen. Irgendwann einmal, wenn ich ganz groß geworden bin.

...Nun habe ich schon eine Menge preisgegeben über mich. Aber wo ich mit meiner Sippe lebe kann ich nicht genau sagen, so neugierig du auch bist, mein Träumer. Und genauso neugierig bin ich auf dich und dein Leben. Doch

darüber werde ich sicherlich niemals etwas erfahren. Du und die Deinen, Ihr habt es gut! Euer Leben hat eine Vergangenheit, eine Jahrtausende alte Vergangenheit, ähnlich und länger als die meine. Aber ihr könnt auf das Leben euerer Vorfahren zurückschauen und von diesem Leben lernen und euch aufrichten an den Taten und Leistungen derer, weil ihr in einer Welt aufwachsen werdet, in der Vieles nicht nur mündlich weitergegeben wird, wie bei uns, sondern weil ihr das Geschriebene jederzeit auf die Wahrheit überprüfen könnt, so ihr es auch wollt.

Wir leben mit der Vergangenheit nur durch das Wort der weisen Frauen und Männer, der Alten unserer Sippen. Was heißt „die Alten". Unsere Alten sind die Übriggebliebenen nach eisig kalten Wintern, die Übriggebliebenen nach Überfällen durch andere Sippen, die Übriggebliebenen nach den wütenden Hungerangriffen der Wölfe und anderer Raubtiere und auch die Übriggebliebenen nach Hungersnöten und Krankheiten. Und diese Alten sind für euch gesehen diejenigen, die knapp über 30 volle Jahreskreise hinter sich bringen konnten, weil sie Glück hatten oder von den Göttern geliebt werden. Du, mein Lieber, der du gerade meine Geschichte in Zeichen setzt, Du bist für einen von uns schon ururalt. Aber bist Du auch weise?

Unsere Alten sind mit ihrer Weisheit, ihr könnt es modern Lebenserfahrungen nennen, die Stützen der Sippe, weil sie leiten und lenken, Hinweise geben können auf die Abläufe im Leben der Pflanzen, Bäume und Tiere um uns herum. Weil sie auch helfen können zu überleben, indem sie das Wissen unserer Früheren nutzen zum Grubenhausbau, zur Bestimmung der Zeit für die Aussaat; in dem sie uns Jüngere unterweisen in der Kunst der Topfherstellung aus der klebrigen Erde, des Feuermachens und des Feuererhaltens, der Kunst der Jagd und der

Nahrungshaltbarkeit. Diejenigen, welche am Besten mit dem Wurfholz und dem spitzen langen Stock umgehen können, geben das an die Geschicktesten weiter. Und an die Stärksten und Mutigsten auch. Der Steinschläger hinten am Steilhang, der hütet seit Jahren die Geheimnisse seiner kunstfertigen Tätigkeit. Aber eines Tages wird er sich einen Jungen suchen, der die gesammelten Erfahrungen mit seiner Geschicklichkeit verbinden kann und vielleicht noch bessere und schärfere Steinbeile und Messer und Schaber fertigt. So, wie ich hoffe und wünsche, daß mir die alte weise Frau viele ihrer wohlgehüteten Weisheiten anvertrauen wird, damit ich sie zum Wohle unseres Stammes aufbewahre und weitergebe.

Aber ich war ja noch bei den Alten. Auch wenn ihr es in eurer Zeit nicht mehr versteht, es ist jetzt dennoch so: Wenn uns die Götter mehrere Jahre hintereinander viele Kinder in die Sippe gebären lassen, so daß die Gemeinschaft größer, aber die Nahrung knapper wird, dann macht sich eine Reihe von diesen Alten, jeder für sich, in Stammestradition auf den Weg in das Große Lange Leuchten, damit Platz frei wird und die Nahrung genüge für die Verbleibenden. Da wir dann oft nicht wissen, wohin sie gegangen sind, ehren wir alle Plätze, auf denen ihre Geister uns entgegen wehen. Und wir danken ihnen und wir ehren auch sie beim morgigen großen Fest der Sonnengöttin im großen Kreis auf der Ebene.

Nun wißt ihr immer noch nicht, wo diese Ebene ist?

Tja, einen Atlas kennen wir noch nicht und auch das Land ist uns nicht in dem Sinne bekannt, wie es euch bekannt ist. Nie konnte ich mehr von unserer Umgebung sehen und wissen, als meine Augen rund um die Wohnstätten erkennen können. Darum verzeiht, wenn ich es so beschreibe, wie es mir erscheint. Macht dann euren Reim darauf. Vielleicht glaubt ihr in eurer Zeit Einiges wieder zu erkennen. Also gebt euch Mühe, denn auch ich muß mich anstrengen, die rechten Erklärungen für meine nähere Heimat zu finden.

Es ist ein Ort, an welchem die Sonne nie senkrecht am Himmel über uns steht. Es laufen die Tage vor sich hin und dann, wenn die Schafe ihre Lämmer gebären, dann beginnt es zu Grünen und zu Sprießen überall auf den Wiesen und am Rande der Bäche, die nicht mehr so wildes Wasser führen. In dieser Zeit begehen wir die Feier des Beginnes der warmen Zeit und wir ehren durch das Feuerrad die Sonne. Nach einer längeren Zeit des Wachstums und dann der Ernte der Früchte unserer kleinen Felder und auch der Früchte der Bäume und des Waldes begehen wir an der Grenze von der warmen, hellen zur dunklen, kalten Zeit das Fest der Begegnung der Lebenden mit den Verstorbenen, das Fest der Ehrung und Achtung aller Lebewesen voreinander. Und gerade in der nachfolgenden bitterkalten Zeit ist uns das Feuer ein treuer Begleiter und Beschützer und die Bewahrerin des Feuers ist eine der geachtetesten Frauen der Sippe.

Daß ich so Manches in einfachen Worten schildern muß, das seht mir bitte nach. Mein Wortschatz und auch meine und die Kenntnisse meiner Leute sind noch nicht so ausgebreitet wie bei euch, denn nach eurem Wissen lebe und erzähle ich in einer Zeit ungefähr vor siebentausend Jahren vor Euch.

Wenn ich nun in Richtung des Sonnenaufganges gehe, dann bin ich nach vielen Händevoll Schritten an einer Stelle angekommen, wo sich vor mir und nach meiner linken und nach meiner rechten Hand ein tiefer Abgrund auftut. Steil ragt der Rand, auf dem ich stehe, aus dem Tal herauf. Ich stehe mit weit ausgebreiteten Armen in dem Wind, der kräftig um die Kante weht und wenn ich die Augen mutig schließe, dann fühle ich mich wie ein Vogel in der Luft – ich hoffe zu fliegen und ich kann weit und von hoch oben über das tief unten liegende Land sehen, in welchem sich ein *großes Wasser dahin wälzt, was sich tief unten weit, weit in die Ferne zieht.*

So weit, daß ich sicherlich nicht in meinem Leben dorthin kommen kann, denn es gibt keine Wege. Nur Wald und Gestrüpp und Wald und Gestrüpp. Zu eurer Zeit wird dort oben eine Siedlung sein mit einem alten Schloß und das Schloß steht an der Stelle über dem Tal, an welcher ich heute ausruhe und in der Mitte des Schloßhofes wird ein urig verwachsener großer Baum seine Zweige und Blätter in den Sturm schütteln und Sommers den Besuchern milden Schatten spenden. Und der Ort wird den Namen Goseck tragen. Aber keiner von den Menschen wird von mir wissen und keiner sich uns erinnern.

Aber das weiß ich ja heute noch gar nicht! Oder doch? – Wird es so, wie ich es auf einer meiner Traumreisen habe sehen können? Wie käme ich sonst dazu, euch davon und auch von mir zu erzählen? Mir ist, als kenne ich einige von euch von einem meiner Besuche auf dem wieder hergestellten Eichenholzkreis dort in der Zukunft. Warst Du auch schon mittendrin?

Auf der anderen Seite der Siedlung, nach Mitternacht zu, kann ich von der letzten Hütte ganz lange über eine waldfreie Weite sehen, die nur unterbrochen ist von kleinen Streifen blühenden Weißdornes, der in diesen Tagen so wunderbare kleine Blüten treibt und der so herrlich riecht. Noch weiter hinaus stehen kleine Ballungen von Ahorn und

*Esche. Das Auge fliegt über diese hinweg bis an den Rand,
wo Himmel und Erde zusammenstoßen. Dazwischen liegen
eine Reihe kleiner Flächen, welche die Frauen vor der
Aussaat der Körner mit hakenförmigen Stöcken auflockern
und dann die kleinen grauen wunderbaren Schiffchen der
Fruchtbarkeit in die weiche Erde drücken, über die später
die weise Frau ihre segensreichen Sprüche für Wachstum
und gute Ernte hinwegfliegen läßt:*

coorn unde fruuht	korn und nahrung
uuinde unde naaas unde sunna	winde und regen
	und sonne
nemeton nemeeaa	himmel – heiliger hain
uuerde volla riche	voller reichtum werde

*Das ruft sie, wenn der Mondmann hoch am Himmel steht
und das ruft sie wieder, wenn die Sonnengöttin über uns
am Himmel entlangzieht. Und alle die Frauen, welche
ihren Mondfluß haben, die stehen über den Feldern und
segnen diese mit dem roten Wasser des Lebens, welches aus
ihnen herausströmt. So kommt Heiliges zu Heiligem, Leben
zu Leben und alle Fruchtbarkeit kehrt zu sich selbst und,
zum Segen aller, in sich zurück. Ich werde nie verstehen,
warum diese heiligen Handlungen in den Läufen der Zeit
verkommen konnten und daß die Frauen, wenn der
Mondfluß sich von ihnen löst, als unrein und unsauber
betrachtet werden; daß sie sich bei einigen Völkern sogar
absondern müssen von der Gemeinschaft. Und mit der
Verdrängung solcher uralter Sitten werden nach und nach
auch die Weisheit und die Lehren der Frauen verdrängt,
verächtlich gemacht und vielfach sogar verschüttet, so daß
ihr in eurer Zeit oftmals nur durch Märchen und Sagen
von der Kraft der Weiblichkeit und ihren Segnungen
erfahren könnt.*

Wenn die Frauen also die Weihung der Felder vornehmen, stehen die Männer in weitem Kreise um sie herum und singen laut mit ihren tiefen Stimmen das Lob der Mütter und das Lob auf die Kräfte und die Stärke der großen Allmutter Sonne – denn es ist die Sonne, welche unsere Nahrung wachsen läßt und die den Jahreskreis immer wieder schließt und immer wieder öffnet – so, wie es die Erinnerungen und die Worte der Alten sagen.

Sonne – Mutter, wärmende Mutter allen Lebens – Spenderin der Güte und der Güter, der Freude und des Seins:

sunna riche sunna	sonne – herrliche sonne
seggri maam nemeeae	himmlische gefährtin und mutter
oonder aits hlamon weihas we	dir zugetan rufen wir weihevoll
sunna riche sunna	sonne – herrliche sonne

Ja, meine Lieben in der fernen Zukunft, ihr Frauen und Männer, die ihr euere Ursprünglichkeit durch welchen Zufall auch immer habt erhalten oder habt wiedergewinnen können. Ihr Lieben. Ihr werdet mich verstehen, wenn ich unbedingt und mit aller Kraft in die Fußstapfen der alten weisen Frau treten möchte.

Es ist nicht die Macht, die ich gewinnen will über meine Mitgefährten, über meine Sippe (wobei das sicherlich eine nicht von der Hand zu weisende Möglichkeit sein mag, denn Macht haben ist schön – in eurer Zeit wie auch in meiner!), es ist die Möglichkeit des Erwerbens und des Erhaltens und des Erweiterns von Wissen; es ist mein Wunsch, dieses Wissen zum Nutzen und zum Wohlergehen unserer Sippe und der Sippen um uns herum, mit denen wir mehr oder weniger freundlich uns verbunden fühlen, anzuwenden.

Ich, die heute noch so kleine Aina, ich will und ich werde eine gute Bewahrerin der Geheimnisse und der Kenntnisse unserer Sippe werden, so wahr mir die große Allmutter hilft. Das ist mein Ziel und auch darum spreche ich zu euch, weit in meine und unsere Zukunft hinein.

Ich, die kleine Aina, das vorlaute Kind, die Nochnichtrichtigfrau. Ich werde das schaffen. Ich will es schaffen – das ist mein Recht und auch meine Pflicht in einer Zeit, in der es für uns nur ein unbekanntes Irgendwanneinmaldavorneeinmal gibt.

Aber dorthin denkt niemand von uns.

Wirklich, soweit wird niemand von uns denken, denn für uns gibt es nur das Heute und das Überleben des heutigen Tages. Es gibt den morgigen Tag und vielleicht die Tage danach und das vielleicht Erleben der nachfolgenden Jahresfeiern unserer Sippen. Zukunft – ein unbekanntes Wort für uns alle. Das Heute will gelebt und überlebt sein. Weil es für uns immer und jeden neuen Tag nur ein Heute gibt, darum will ich die Erfahrungen und das Wissen des Gestern aufbewahren und an das Morgen weitergeben und die Geheimnisse auch.

So, nun genug für heute Nacht.

Über das Fest im Sonnenkreis werde ich euch morgen berichten, ich, die kleine Aina, die immer noch fürchterlich neugierig auf alles ist – auch auf Euch!

Gebt acht. Denn ich träume von euch und ich besuche euch in eueren Träumen. Reinigt eure Traumfänger, damit ich auch wieder in mein eigenes Jetzt zurückkehren kann, mich nicht verheddere in euerem Sein, in meiner zukünftig künftigen Zukunft. Leute. Glaubt mir, ich muß wieder heim! Hier werde ich gebraucht - so wie ihr bei euch gebraucht werdet - falls ihr das immer noch nicht wißt!

Auch ihr werdet gebraucht.

Wir treffen uns zum Fest des Feuerrades bei mir oder bei meinem Geschichtenaufschreiber, irgendwann einmal.

Doch nun schleiche ich mich zu der Alten, damit sie mir die Geschichte der Welt erzählen kann. Aber wie sie so ist, kreischt sie mit ihrer klirrenden Stimme, kaum daß ich durch den Türbogen bin:

„...schlag das Fell wieder um den Pfosten, damit der Wind nicht so kalt hereinfällt und setz dich zu mir an das Feuer, daß ich dich ansehen kann. Wärm dich auf, Kind und trink ein wenig von diesem Tee. Ich weiß es ja, er schmeckt nicht gut und er riecht nicht gut. Ja, ja, meine Kleine, ich weiß was du denkst und was du fühlst. Ich weiß auch, daß du neugierig bist auf meine Hütte, auf mich und auf mein Wissen und auf all das, was ich tu und was mich umgibt. Aber hab keine Angst vor mir, Kind, denn ich bin du und du bist ich!
Morgen ist das Fest der Sonnengöttin.
Morgen werde ich den Segen über unsere Sippe sprechen und du wirst mir dabei helfen, wenn du willst. Doch vorher laß uns miteinander reden. Der Dunkelheit ist lang. Wenn die Kinder des Mondmannes über uns erscheinen, gehen wir beide hinaus auf die Klippe über dem Tal und schauen über die Nachtwelt hinaus in Ferne; in die weite ferne Ferne hinaus. In das Morgen auch. Doch jetzt trink und wärme dich auf, Kind. Ich werde derweil ein wenig Ordnung machen, die Dinge für den morgigen Tag zurechtlegen, und wenn ich nebenbei so vor mich hin rede, dann nimm es einer alten Frau nicht übel.

Ja, immer wenn ich versuche Ordnung zu machen, immer dann rede ich mit mir selber und dann, aber erst dann, fällt mir ein, daß niemand mit mir ist, um mich herum ist; daß mir niemand zuhört, niemand zuhören kann. Ich lebe allein. Ganz allein, meine Kleine. So allein, wie es sich alle jungen Frauen nicht vorstellen können. Diese holen sich zu gewissen Zeiten denjenigen Mann auf ihr Lager, welcher ihnen gefällt, welcher stark und kräftig und mutig genug

ist, sie und ihre zukünftige Brut gegen viele Gefahren zu schützen. Und wenn die Brut dann, so wie du, meine Kleine,
groß genug ist, um auf den eigenen Beinen durchs Leben zu laufen, dann sagen sie die bindenden Worte:

maane tiu	Mann, du
me waane nemetuuaa	Ich heilige den Bund

oder die lösenden Worte:

maane tiu	Mann, du
inspring hapt bandun	Entspringe den Fesseln
uinuar gandum	Entfahre mir

Unsere Frauen suchen sich ihre Gefährten selbst. Ja, meine Kleine, wir Frauen haben schon eine Macht über die hin und wieder bei uns vorbeikommenden männlichen Wesen. Manchmal bleiben einige von denen auch für viele Sonnenumläufe bei den Frauen unserer Sippe. Und das wird in den kommenden Sonnenumläufen sicher immer wichtiger werden.

Ja, warum wohl, mein Kind, warum wohl?

Viele wissen es nicht und auch ich glaube es nur zu wissen, weil ich schon viel zu viele Sonnenumläufe erlebt habe.

Weil es in den letzten Zeiten viel, viel kälter geworden ist, das Gesäte nicht mehr zweimal reift, weil die Bäume nur noch einmal tragen, weil, ja weil, weil, weil... ach, es ist so Vieles, Kind, was sich verändert hat in der Umgebung und was mir Bange macht.

Die Zeiten der Aussaat stimmen nicht mehr, die Vögel nisten nicht mehr in der Zahl und der Art, das Wild verläuft sich weit und weiter und auch die Beeren und Pilze sind andere geworden seitdem mich meine Geistesschwester ihr Wissen gelehrt hat. Aber das war vor vielen, vielen Umläufen.

Dennoch weiß ich nicht mehr weiter, weil alles sich so schnell verändert hat. Nur mit meiner Erfahrung kann ich Vieles an Unverständlichem unserer Sippe versuchen zu

54

erklären und nun kommen auch noch Fremdstämmige in
unsere Gebreiten, wie mir die Trommeln aus dem unteren
Lande seit vielen Mondumläufen zutragen. Sie sollen zwei
Arme haben, wie wir auch, aber noch dazu vier Beine unter
sich wie ein Wolf, nur viel größer. Noch größer als ein
Hirsch. Und zwei Köpfe. Wenn die Füße laufen, dann
schwingen die Arme große Knüppel, die viel härter sind als
unsere Steine. meetaaaal soll das Zeug genannt sein. Einer
der Köpfe kichert so komisch laut und der andere schreit
wie unsere Männer im Kampf. Sie kommen über unsere
Sippen mit Jagd und Brand und Feuer. Manche kommen
langsam und siedeln und bestellen die Erde. Ja, meine
Kleine, dazu trennen sie sich von den vier Füßen und nun
sind es sechs Füße und zwei Hände und wieder zwei Köpfe
und jedes Stück geht für sich - komisch, was? Fast so wie
wir. Aber die Zweier sind kräftiger; stärker sind sie und sie
kommen von weit, weit her. So weit her, daß sie es selbst
nicht einmal mehr wissen. Darum sind sie überall zu hause.

maam nemeeaa   mutter im himmel
thuiirre tuuiuske   schütze die deinen

Und über kurz oder lang, meine Kleine, werden diese
anderen Wesen auch in unsere Nähe kommen, werden sich
vielleicht auch mit unseren Frauen auf das Lager werfen
und neue Brut geschehen lassen, denn unsere Göttin hat
nie die Fruchtbarkeit von unserem Stamm genommen.

Aber wenn das geschehen sein wird, wirst du, meine Kleine,
das Gewissen und die heilige Frau unserer Sippe sein.
Fürchte dich nicht und ängstige dich nicht. Es wird einsam
um dich werden, weil du klüger sein mußt und gescheiter
sein wirst als die anderen alle und du wirst einsam sein,
weil sie dir furchtsam begegnen werden und weil nicht mehr
jedeFrau mit ihren täglichen Sorgen und nicht mehr jeder
Mann mit seinem Lendenkleinkram zu dir kommen wird.
Aber in den großen, wichtigen, entscheidenden Fragen

werden sie dich aufsuchen und dich um deinen Rat bitten. Ja, meine Kleine, bitten werden sie dich. Und hier wirst du an eine Schwelle geraten, an der du zerbrechen kannst. Zerbrechen kannst, sage ich mit voller Absicht, nicht zerbrechen mußt.

Macht wirst du haben. Mächtig wirst du sein können und Du wirst wirklich mächtig sein. Dein und nur Dein Wort wird bestimmen. Letztendlich wirst Du die Bestimmerin sein. Die Bestimmerin über das Wohl und das Wehe unserer Sippen. Denn Du wirst in aller Augen die Verbindung zu unseren Göttinnen sein. Du und nur Du allein.

Und versuche heute schon zu verstehen, was ich dir damit sagen will. Macht zu haben ist großartig. Macht zu haben über andere Sippenmitglieder kann berauschend sein, weil du ja nicht alle gleich gut magst. Macht zu haben ist etwas Wundervolles! Es schwillt das Herz, es schwillt die Brust, der Kopf hebt sich höher und höher, der Schritt wird wie ein Reiherschritt. Na warte, dir zeig ich`s, denkt der Kopf und du glaubst, der Himmel, die Göttin selbst zu sein. Ja, Macht kann stolz machen! Und Macht verführt, heute gleichwohl wie in vielen tausend Sonnenumläufen auch! Also hüte dich vor dem Stolz der Macht – übe die Bescheidenheit der wissenden irdischen Schwester der Göttin.

Nur die Göttin und die anderen Götter helfen uns und mit ihrer Inspiration wirst Du die Geschicke unserer Sippe in eine für mich ferne Zukunft führen.

Ich alte Frau kenne deine Träume, mein Kind. Ich bin Du und Du bist ich. Ich hatte auch einmal so einen Onkel Aolf. Das macht uns zu Geistesschwestern für immer .Klingt komisch für deine Ohren?. Ich und Deine Schwester und noch so`ne alte. Ha, wo gibt es denn so was?

Doch, doch! Wir sind im Geiste Schwestern der Göttin! Und wenn du einmal deine Erfahrung, dein Wissen weitergeben mußt, dann sollst du es ebenso ehrlich wie ich an deine Nachfolgerin weitergeben. Und auch mit den

Warnungen vor dem Stolz und vor dem Mißbrauch der Macht!
Das ist die Forderung der Göttin, der ich diene.

maam nemeeaa	mutter im himmel
thuiirre aina tiue	schütze aina, die deine
aina tiue waane nemetuuaa	heilige den bund mit aina

Ach, mein Kind. Nun haben wir immer noch nicht die Frage berührt, wie und vor allem, warum in der kommenden Nacht unsere Sippen das Fest der Göttin in dem großen Kreis aus Eichenstämmen begehen.
Wenn Du noch nicht müde bist, meine Kleine, will ich es Dir erzählen. Aber es ist nur für deine Ohren bestimmt.'
Und die Alte senkte ihre Stimme und sang ihre Worte, als kämen diese wie die Verse eines uralten Liedes aus den fernsten Erinnerungen unseres Volkes:

„...damals war es, mein kind; damals, als der ständige regen aus den wolken des himmels in weiße, weiche flocken überging; als die erde bedeckt wurde von höher und höher wachsenden schneefeldern; als die alte Gute Mutter Sonne immer vergeblicher versuchte, gegen die macht des Eisigen Alten anzukämpfen und dabei müde wurde; damals, als kein vogel, kein ren und kein fuchs, kein getier mehr über das land streifte, weil alle kältestarr, mit erfrorenen augen blicklos ins weiß starrten; damals, als unsere menschenrasse noch nicht einmal in den träumen der Guten Mutter Sonne vorkam; damals wurde alles zugedeckt von einer immer härter werden schicht von eis, es türmte sich zu festungen auf, es schob sich von mitternacht unaufhaltsam in großer breite in richtung mittag, es kam über die wiesen und die kleinen wälder, über die teiche und die flüsse, überdeckte hügel und berge, sodaß ein ewig

währender kalter, lebloser frieden über allem lag und
die gierige kälte bis hoch an die Tür der Guten Mutter
Sonne klopfte und mit harter, eiseskalter hand einlaß
in den himmel forderte; wie es auch immer
gekommen ist, nach einer unzählbar langen zeit
erwachte diese aus ihrem tiefen schlaf der ermattung,
vielleicht gerade wegen der kälte, welche sich einen
weg unter ihrer tür gesucht hatte, sie fand einen
kitzekleinen rest von glut tief zwischen der asche ihrer
feuergrube, sie legte einige trockene halme von ihrer
schlafstelle dazu und blies erst sachte und dann mit
immer volleren backen eine lodernde wärme hervor,
einige stücke trockenes holz hatte sie vorsorglich an
der himmelswand aufgeschichtet, dann legte sie scheit
um scheit, ast um ast nach, sodaß der wolkenboden an
dieser stelle rot und röter wurde; nun wärmte sie sich
die hände, hängte *einen* tonkrug mit misteltee über die
flammen und brach sich eine scheibe brot, dann raffte
sie wärmeres um sich und trat vor die tür; sogleich
wurde es auf der bisher dunklen welt um einen schein
heller, mit einem glühenden flammenscheit trieb sie
erst einmal die lauernde kälte von ihrer tür hinfort in
die weite und blickte dann kopfschüttelnd auf das
eisbedeckte land tief unter sich; `so`, murmelte sie zu
sich selbst, `so etwas geschieht also, wenn man nicht
immer aufmerksam ist, wenn man ermattet einschläft
und in träumen versinkt; wo sind denn die grünen
wiesen und wälder, wo sind die flatternden und
laufenden wesen, die mich an stillen abenden mit
ihrem gesang und getanze oftmals erfreut haben?'
und in weiter ferne sah sie den Eisigen Alten auf
einem frostigen hügel sitzen, lachend über ihr
erschrecken, lachend über seinen scheinbar so leicht
errungenen sieg – er, der mit wind und sturm und
regen und kälte, mit donner und blitz, mit rütteln an

den pfosten der berge, mit dräuendem eis und dunkelsten wolken seit anbeginn der welt versuchte, ihrer lebensspenden kraft einhalt zu gebieten.

‚du‘, rief sie ihm durch die lüfte zu, ‚du wirst nicht gewinnen, du wirst mein werk niemals zerstören können so lange ich bin, du nicht, du alter eisklotz!‘ und die Gute Mutter Sonne nahm all ihre kraft zusammen, warf hände um hände voll strahlender wärme an die mauern von eis, so daß diese viele flüsse von tränen weinten, sie trieb das eis und den Eisigen Alten zurück bis in die tiefe mitternacht hinein; das grasmeer wurde wieder freigelegt, die halme, farne und auch die bäume begannen wieder zu sprießen, daß es eine art war und sie schnippte mit den fingern, hitsch, hitsch, und nach und nach kamen die geflügelten und die beinigen wieder aus dem ‚Woherweißichnicht‘ hervor und flatterten und sprangen ihre tänze und sangen ihre lieder, welche schöner waren als je zuvor, und sie griff mit ihren beiden göttlichen händen tief in das ‚Nirgendwo‘ und als sie ihre hände herauszog, formte sie aus dem ergriffenen himmelsstoff uns Menschen und setzte uns hierher in diesen wunderbaren garten, damit wir an ihrem werke weiter arbeiten, uns freuen und auch ärgern, uns lieben - na ja, einfach, **auf daß wir leben – so gut wir es verstehen;‘**

Nun weißt du die Geschichte vom Anbeginn der Welt, meine Kleine. Und darum ehren wir mit unseren Tänzen und Gesängen die Gute Mutter Sonne nach jedem Umlauf und gerade zu der Zeit, wenn das neue Leben aus der erwachenden Natur hervorbricht, wenn die frischen, jungen grünen Blätter aus den Zweigen entsprießen, wenn die Böcke zu den Ricken und die anderen alle auch zueinander wollen – nach der langen kalten Zeit! Später einmal wird

man dieses Fest Beltaine nennen oder Mainacht oder wie
auch immer. Aber immer werden auch dann Feuerräder und
Feuerhaufen angezündet und die Weihe der Opfergaben für
die Mutter Sonne vollzogen. Und wenn bei diesem und
jenem späteren Volke mal ein Sonnengott verehrt werden
sollte, sei nicht traurig darüber, denn auch er muß ja eine
Mutter haben, und - das ist Unsere Gute Mutter – die
SONNE !

Nun, meine Kleine, Deine Äuglein fallen schon zu. Leg dich
und schlaf, denn morgen Abend werden wir Beide, ja, wir
Beide, im Großen Eichenkreis auf der Ebene, dort wo viel
viel später einmal in Goseck an uns gedacht werden wird,
das große Fest mit Gesang und Tanz und Jubel eröffnen.'

Als die weise Alte ihren Singsang beendet hatte, fielen mir
wirklich die Augen zu und siehe da

...ich setzte mich auf eine wolke, griff in den himmel hinein,
fing mir einen vogel mit der rechten hand und erschuf aus
ihm ein pferd mit einem horn auf der stirn, ein ganz weißes
pferd, auf dessen rücken ich dann geschwind über die ebene
geritten bin; hin zum Großen Eichenkreis.

Aber ich glaube, als ich das dachte, dachte ich es schon
träumend.

...was rütteln die winde so an meine händen, sie treiben die
finger auseinander und rauschen zwischen meinen
usgebreiteten armen mit zischendem gejaule? wieso
spreizen sich meine füße und meine zehen so?   blicke ich
nach einer seite, so treibt es mich gleich dorthin, was ist mit
mir? Ist das unser dorf, sind das die hütten unter mir, die
wiesen und der geheime ort der quelle, dort hinten am rande
des waldes? jeden kleinen weg und jeden kleinen steg kenne
ich, doch noch niemals aus dieser sicht – hei, ich bin ein
vogel, fliege über unsere lande, fliege wer weiß wohin, fliege
nach norden auf das Große Eichenrund zu und schaue auf
die kleinen menschen unter mir und aus größer und immer
größer werdender höhe auf deren kleiner und kleiner
werdenden tagessorgen hinunter; fein herausgeputzt sind

sie alle, die großen wie die kleine, die alten wie die jungen, männer, frauen, kinder, sie gehen langsamen schrittes, schwätzend miteinander, zum Eichenkreis, sie tragen gaben ihres haushaltes bei sich, sind geschmückt mit birkenreisig und jungem grün, die ersten blumen zum kranze gewunden auf den köpfen, fackeln leuchten in ihren händen, im hängesack duftende kräuter und schmackhafte pilze, die man kaut und welche die gedanken abheben lassen vom tagesgeschehen, ja, einige haben ihre körper bemalt mit der blauen farbe der zweijährigen pflanze, die man viele sonnen später einmal `waid` nennen wird, sie gehen in gemessenem schritt auf den nördlichen eingang zu, fassen sich an den händen um gemeinsam das heligtum zu betreten und stellen sich im rund auf, im rund der vielen eichenstämme und es wird eine stille in diesem rund und es wird ein gefühl in diesem rund, das alle einschließt, das alle umschließt, das alle einig sein lässt im auge der Guten Mutter Sonne, dorthinten steht der alte, der unser brot täglich so knusprig aus dem ofen holt, daß mir hier oben das wasser im munde zusammenläuft, daneben die junge frau, welche die herrlich duftenden kräuter aus wald und wiese sammelt, der pilzkenner zuckt wie immer mit seinen viel zu großen ohren, der schweinehirt niest wie immer in seine schmutzige hand, igittigitt, die weberin hat noch fäden im haar und eines ihrer kinder spielt mit einem spinnwirtel – huch, jetzt ist er kaputt – das kind kriegt haue und bläkt, stolz stehen der jäger und der dorfälteste nebeneinander, geschmückt mit ihren waffen, bogen und pfeil und dem schwert aus geschliffenem stein und einem kranz aus eichenblättern auf ihren köpfen, - alle sind in einer feierlichen stimmung, in der mitte des Eichenkreise haben sich meine liebe Alte und der Weise Mann aus dem benachbarten dorf hingestellt, sie schauen mit blinzelnden augen in die zwischen dem rechten spalt des Eichenkreises untergehende sonne – glutrot hängt sie zwischen den feingeäderten wolken, verströmt einen lichtvollen zauber

und verströmt magie, stimmt ein auf das jetzt kommende
fest der aufbrechenden zeit der wärme, des festes der
fruchtbarkeit aller wesen auf unserem lande – und ich hier
weit oben? hinunter Aina, hinunter und hin zur Alten und
neben sie, wie sie es mir befohlen! ich drehe die hände und
senke die füße und der wind zischt um mich herum und wie
der falke im sturzflug sause ich rauschend in die tiefe,
bremse ab und.....

....stehe auf wackligen Beinen neben meiner lieben Alten,
die mich lächend anschaut, als wüßte sie längst, daß ich auf
eine kleine Tagreise gegangen war.   Alle anderen sehen
andächtig auf die Mitte des Kreises. Scheinbar hat niemand
überhaupt bemerkt, daß ich so weit, weit fort war von allem.
Oder war ich gar nicht oben am Himmel über unserem
Dorf? Ich glaube, das sind die kleinen Geschehnisse und die
kleinen Geheimnisse, die unsereins nur mit unsereinem
teilt, die nur die Eingeweihten wissen und darüber
schweigen.

In der Mitte haben die Männer einen großen Reisighaufen
aufgetürmt. Die Frauen schmückten ihn mit bunten Fäden
und Resten von Wollstücken, daneben Sträuße von frischen
Blumen und Federn von Kranich, Adler und Pirol.
Hochoben ist die Spitze verborgen unter ganz frischem
Birkengrün. Und immer tiefer sinkt die Gute Mutter Sonne
in den Spalt zwischen den Stämmen. Jetzt berührt sie den
oberen Rand des fernen Waldes und eine leichte
Dämmerung legt sich über das Land. Mit ihr ziehen dünne
Nebel von Mitternacht her auf und durchdringen kühl die
Räume zwischen Dorf und Eichenkreis. Alle sind still
geworden. Alles ist still geworden um mich herum. Die
erwartungsvollen Augen der Menschen starren auf meine
Alte und auf den Weisen Mann.

Als die Gute Mutter Sonne noch einmal ihre strahlenden
Arme über die Ebene wirft, treten die beiden Alten vor das
Reisig und erheben segnend ihre Arme hoch über ihren
Kopf. Leise erst und dann immer lauter werdend beginnen

ihre Stimmen uralte Worte in die knisternde Luft des Kreises zu werfen. Es ist nicht nur, daß ihre Stimmen anschwellen, nein, das ganze Rund beginnt zu dröhnen, nimmt die guturalen Laute auf und scheint diese bis an den Ohrenschmerz hin zu verstärken – oder erscheint es mir nur so? Und alle hören die Worte, welche die Alte mir in den vergangenen Tagen so oft vorgesagt hat, damit ich sie mir merke bis in mein Alter hinein:

suunna riche sunna	Sonne – herrliche Sonne
seggri maam nemeeae	himmlische Gefährtin und Mutter
oonder aits hlamon weihas we	dir zugetan rufen wir weihevoll
suunna riche sunna	Sonne – herrliche Sonne

Und alle anderen stimmen ein und wir alle singen diese Worte und wir erschauern nicht nur weil die Abendkälte in den Kreis Einzug hält. Und weiter ertönen die Worte:

coorn unde fruuht	Korn und Früchte
suunna unde uuinde unde naaas	Sonne und Wind und Regen
nemteon nemeeaa	Himmel – heiliger Hain
uuerde volla riche	voller Reichtum werde

Aus den Händen der beiden Alten verströmen plötzlich Feuerbälle mit großen Gezisch und diese schlagen in das dürre Reisig am Fuße des Haufens ein und in das Erschrecken der Leute. Und über das immer lauter werdend Brausen des auflodernden Feuers dröhnt mit unsagbarer Stimmgewalt die letzte große Anrufung, bevor wir alle uns im wilden Freudentanze um und über das gleißende Feuer schwingen:

Suunae uunt aerda	Sonne und Erde
maame nemaeae uunt	Mutter am Himmel und
dhugheater uuou seggris	Tochter du, Gefährtin

thuiirres uuiuskes   beschützt die Eueren

thue waane nemetuuae we   heiligt den Bund mit uns

Als das letzte Wort von den lodernden Flammen in den Abendhimmel hineingerissen wird, verlischt auch der letzte Strahl des Sonnenlichtes am Horizont und die Wolken am Himmel färben sich mit der tiefen Röte des Blutes und lassen Wälder, Wiesen, Äcker und auch die Hütten unseres Dorfes in ein unwirklich und geheimnisvoll erscheinendes Halbdunkel versinken.

Wir alle aber, wir tanzen und springen gemeinsam um und über das Feuer, wir treiben unsere Herden an ihm vorbei, damit sie gereinigt würden nach den vielen, vielen Nächten der Kälte und der Dunkelheit. Und so wie Jahrtausende später ein Walter von der Vogelweide in seinen Liedern den Frühling singend preist, mit der Kraft und der Sehnsucht eines Menschen, der die Kälte und die Starre des Winters in Worte fassen und glücklich über das frische Grün und die ersten warmen Strahlen der Guten Mutter Sonne jubilieren konnte; so voller Freude sind unsere Gedanken und unsere Gesänge und unsere Tänze hier im Rund des Eichenkreises auf der Ebene. Dort, wo ihn einer weitentfernten Zukunft der Ort Goseck sein wird..

Und ich, die nun nicht mehr so kleine Aina, die NichtmehrKindfrau, ich werde stets in meinem Leben dafür Sorge tragen, daß diese Feier zu Ehren unserer Guten Mutter Sonne niemals vergessen werden wird in den Läufen der Zeiten. Und auch ich werde eine Geistesschwester finden, später, wenn es Zeit wird für mich zu gehen; dorthin, wohin alle meine Mitmenschen und auch die Zukünftigen gehen müssen, und ich werde sie genauso in den vielen Ritualen und Geheimnissen unterrichten, damit sie voll ihrer Kraft sich dem Wohle der Anderen widmen kann, so, wie es alle die Geistesschwestern der Guten Mutter Sonne bisher getan haben.

Daß in den späteren Zeiten auch andere Zeiten geschehen und andere Ansichten sich breit machen, das muß ich wohl in Kauf nehmen, denn das wird nicht ausbleiben bei dem ständigen Sichvermischen der Einzelnen und der Völker insgesamt. So werden andere Göttinnen ins Licht der Welt treten und auch oftmals deren Söhne. Und da die Söhne immer eifersüchtig über ihre Mütter wachen, (sollte es denn am Himmel anders sein als auf unserer Erde?) werden diese auch hin und wieder schützend ihre Arme und ihre Macht um die MutterGöttinnen legen und versuchen, diese zu erdrücken. In einigen Zeitaltern gelingt es sehr, in anderen weniger. Doch immer muß ich an die Worte der Alten denken:

Und wenn bei diesem und jenem späteren Volke mal ein Sonnengott verehrt werden sollte, sei nicht traurig darüber, denn auch er muß ja eine Mutter haben, und das ist unsere GUTE MUTTER SONNE !

Und nun leb wohl, mein Lieber, der du mich nicht kennst und den ich niemals kennenlernen werde; weil zu viele Sonnenumläufe zwischen uns liegen. Aber eines soll und wird uns immer miteinander verbinden:
Das Fest der vielen Feuer in der aufbrechenden Jahreszeit.
Mögen es Einige beltaine nennen, Andere Walpurgisnacht oder den ersten Mai – immer ist es dasselbe Fest!
Es ist der feuergewordene Wunsch und der Schrei nach Wärme und Geborgenheit, der natürlichen wie der menschlichen, welche in Liedern und Gebräuchen aller Völker seinen Niederschlag finden wird.
Und mit dem Wunsch, daß Euch die Hoffnung auf Wärme und auch auf ein wärmendes Herz nie verlassen möge, mit diesem Wunsch bleibt Deine Aina, die nun Nichtmehrkindfrau, in ihrer längst vergessenen Vergangenheit.
.... ja, und manchmal träume ich doch ....

Habe ich wohl schon wieder eine lange Nacht sinnierend auf meinem Schemel gesessen? Das Kreuz tut mir weh und die ganze Hand ist an der Wange festgebacken, die Knochen steif wie nach der verflucht langen Nacht im tiefsten Frost unter dem Gipfel der Berge an der heiligen etruskischen Quelle irgendwo in der Nähe des großen Sees, welcher Bayern von Tirol trennt. Und auch das Wasser drängt. Ich muß zum Locus – bei dieser hündischen Kälte. Sei es drum. Dieses Wasser kann ich nicht halten.

Ja, ja. So, wie bei manchem Alten das Wasser sich schmerzhaft aufstaut und dann den Unterleib zum Bersten bringen will, so stauen sich bei mir die Ideen und wollen den Kopf schier platzen lassen. Und ich weiß, daß ich nicht mehr viel Zeit haben werde. Pergament noch weniger. An der Tinte gebricht es nicht. Nur daß diese schwärzer ist als alle meine Höllen, in die ich sicherlich hineingestoßen werde, falls dieses Geschreibe in die unrechten Hände fiele. Nun muß ich mir auch noch Gedanken machen, wohin ich die vielen Seiten gebündelt in Sicherheit bringen kann.

Also, wie bei manch Alten der Wasserfluß, so drängt bei mir die Idee. Sie drängt und drängt. Sie kreist um sich selbst, verändert sich, schwillt an durch Erinnertes, tollt herum in den Gedanken, schlägt Salti, äfft sich, sortiert hier und sortiert dort, bis sie schließlich, selbstverliebt, aus dem berstenden Kopf dringt; schmerzhaft drängend durch die Hand und die Feder auf dem Pergamente sich ausgebreitet findet und dort zur „letzten" Ruhe kommt. (Falls nicht eine andere, bessere? Idee sie wieder übertrumpft – überschreibt.)

Ach, war auch der Lern- und Lebensweg meiner druidischen Vorfahren und Lehrer ein sehr, sehr langwieriger, so hatten sie es dennoch so beabsichtigt. Denn ihre Äußerungen, ihre Erfahrungen und Erkenntnisse lebten stets und ständig weiter in den Gedanken, Erfahrungen und Erkenntnissen ihrer Schüler. Die Fülle des Wissens - einmal vermittelt und erlernt - konnte verändert, verbessert, angereichert, weiter entwickelt werden nach dem Prinzipe des *pantha rei,* - des ALLES FLIESST. Alles ist immer im Flusse, in der Veränderung; nichts ist zum Erstarren erdacht! Und jeder Lehrende war stolz darauf, wenn ihn seine Schüler in Ehren überholten, das Wissen um die Geheimnisse der Himmel und der Erde und des eigenen Volkes, ja, auch die Geheimnisse der Mysterien an andere Eingeweihte weitergeben konnten. Manchesmal als Druide, manchesmal als Sänger und Barde, als Rechtsgelehrter, als Heiler – aber immer als Erhalter und Beförderer der uralten Kenntnisse zum Wohle der Gemeinschaft.

Natürlich haben wir triviale Dinge und wirtschaftliche Absprachen niedergelegt in den Zeichen der Griechen und auch der Römer oder mittels Ritzungen auf Holz oder in Stein. Später sogar in einem eigenen Schriftbild – der Schrift des Okham.

Aber es bleibt dabei:

Einmal den Gedanken zu Holz, Stein oder zu Pergament gebracht, festgeschrieben – mit feinem Sand fixiert – ab dann ist dieser Gedanke auf alle Ewigkeiten unveränderbar.

Ich denke da an einen Brief, den ich an einen nun schon uralten Freund geschrieben habe über - wie immer - mein Lieblingsthema: Warum gerade sind hier in unseren Breiten so viele Abteien von Männern

christlichen Glaubens gegründet worden, welche
unbestreitbar aus unserer Heimat unter den Inseln im
Westmeer kamen? Ich meine den Missionar Gallus,
nach dem die Abtei St. Gallen benannt und
mittlerweile weltbekannt ist. Ich meine auch den alten
Rupert, der hier das Kloster über der Salzach
gründete, den Bonifazius und den Wigbertus und
viele, viele andere, deren Namen mir entfallen sind.
Hat das etwas mit dem keltischen Glauben zu tun, da
es auch bei uns einen dreiköpfigen Gott gibt – einen
Gott in drei Erscheinungsformen, welche alle drei für
doch unterschiedene Bestimmungen des EINEN
stehen?

Was war eigentlich geschehen, fragte ich ihn im Brief,
nachdem das große Rom mit seinem noch größeren
Cäsar Gaijus Julius, dem Hasardeur und Spieler und
dem größten Schuldenmacher der Geschichte, unsere
Stämme bei Alesia und danach überall vernichtend
schlug? Wohin sind unsere Lehrer und deren Schüler
denn gegangen? Unsere Druiden und Adepten mit
ihrem vollen Wissen; wohin geflohen sind sie, wo
auch immer haben sie sich versteckt vor den
Nachstellungen Roms? Denn daß sie verfolgt wurden,
das sei doch immer noch unbestritten!

Und Ingold antwortete mir als Kanonikus am
päpstlichen Hof in aller gebotenen Kürze:

„Freund, zweifle nicht an der Schrift, denn Du
zweifelest dann an GOTT. Der christliche Glaube ist
einzigartig und durch die Jünger und die Evangelisten
verbürgt. Lasse nicht ab vom Worte des HERRN,
welches nach Niccäa kanonisiert wurde und achte auf
dein Seelenheil! Ingold“

Und ich war bestürzt ob der Schroffheit seiner Worte und mied den weiteren Kontakt mit ihm. Was ja auch nicht schwer war über hunderte Meilen Entfernung in den Süden, nach dem schon kurialen Rom. Ich nahm seine Meinung – einmal von ihm aufgeschrieben – über Jahre hin und ärgerte mich über seine Engstirnigkeit.

Vorigen Winter überbrachte ein völlig verfrorener Bote mir ein Schreiben aus dem warmen Latium. Es war der letzte Gruß meines Freundes Ingold, geschrieben auf dem Sterbebette:

„Verzeih mir, Mannanon. Verzeih mir die harsche Antwort von vor Jahrzehnten, mein Freund. Ich konnte nicht anders und ich wußte damals nicht anders als so zu schreiben. Doch heute, kurz vor dem Eingehen in das Land unserer Väter – in die Anderswelt, in der ich Dich eines Tag ganz bestimmt mit Schweinefleisch und Honigbier willkommen heißen werde - heute will ich das Geschehene wieder geraderichten.

Ja, unsere Druiden und unsere Adepten haben sich vor der politischen und ideologischen Gewalt der Caesaren Roms über viele Jahrzehnte versteckt gehalten, Jahrhunderte fast. Gerade weil wir eine freiere Ordnung, unsere Frauen fast überall ein Mitspracherecht hatten, viele Dinge und auch Religiöses wesentlich fortschrittlicher waren als bei denen, darum mußte Rom vor allem einen Feldzug gegen den keltischen Geist, gegen das keltische Wissen führen, welches vor allem durch die Kaste der Druiden vertreten wurde. Sie standen über die Wege der Botschafter und auch über spirituelle Wege mit den Wissenden aller Windrichtungen in Verbindung, waren Kundige des Rechtes, des Heilens, der Läufe der Himmel und der Gestirne, Kundige der längst vergangenen Zeiten und der Mythen unserer Völker, Ratgeber der Könige und Sprecher im Rat. Sie waren die Philosophen und Weisen, die Initiierten, die Geweihten. Darum mußten diese Wissensträger und mit ihnen auch unsere ideologisch fortschrittliche Kultur verschwinden, denn sie hätte den römischen Glauben und auch die sterilen Sitten sicherlich unterwandert. Und auch darum mußte Gaius Julius Caesar gewinnen.

Wie er als Sieger über uns Besiegte schreibt und denkt, das hast du ja in Caesars *„de bellum gallico"* nachgelesen.

Wir Kelten mit unserem Wissen waren eine echte Gefahr für den römischen Staat – darum mußten die Wissenden und ihre Schüler vernichtet werden, wenn man ihrer habhaft werden konnte.

Will nicht behaupten, daß alle sehr klug waren. Aber dumm auf keinen Fall. Also verzog man sich auf kleine Inseln auf dem Meer und im Walde, schützte sich mit Runen und Bannsprüchen vor dem Gesehenwerden und lernte auch vom Sieger das Überleben.

Ja, wie du in jenem Brief vor Jahren schon andeutetest: unsere Anschauungen von den Göttinnen und Göttern und vom Himmel über uns und von der Welt um uns als ein ALLESBESEELTES stießen sich gar nicht so sehr mit den Anschauungen und Erzählungen der vielen Evangelien, die Anfang des 2. Jahrhunderts aus dem Judäischen auf Rom und die anderen Länder überkamen. Zumal (ich sage Dir das im strengsten Vertrauen) es eine Vielzahl solcher Evangelien gibt. Sogar eines von Maria-Magdala und auch dem Jacobus – dem älteren Bruder von JESUS und eines von dem „ungläubigen" Thomas.

Wir wollten nicht untergehen!

Nein! Wir wollten auch nicht aufgeben und wollten nicht unser Wissen als Perlen vor die Säue werfen müssen. So haben wir mit druidischer Schläue Vieles aus der neuen Sinnesauffassung studiert; haben nachgesehen, wo es passt und wo es nicht passt, und schließlich passte ja der DREIEINIGE GOTT mit unserer Götterwelt nahtlos zusammen. Denn Du weißt es ja, die DREI-Zahl war uns immer heilig und einen dreiköpfigen Gott hatten ja auch einige Stämme wiewohl unsere Weisen auch nicht binär dachten, schwarz-weiß, hell-dunkel, gut-böse etc, etc sondern in der Triplizität wie schwarz-eine Art grau-weiß, hell-trübe-dunkel, gut-neutral-böse.

Für alles Gegensätzliche gibt es eine Mitte, ein Dazwischen, immer und überall!

Es stießen sich auch unsere Auffassungen nicht mit der Legende von der Auferstehung des HERRN Jesus, von seiner Wiederkehr aus dem Totenreich; wie du ja auch viele andere Auferstehungsmythen kennst. Die eines Ahura Mazda der Perser und auch der römischen Soldaten, des Osiris der Ägypter, des Gil-Gamsch der Sumer und Assyrer, Orpheus und auch Odysseus der Griechen. Das ständige Wiedererstehen des Lug aus dem Feuer und auch das Wiederlebendigwerden der heldischen nordischen und keltischen Krieger im Heiligen Kessel sind Beispiel dafür.

Auch die Kreuzesformen sind Jahrtausende schon in Gebrauch, den sie entstanden auch aus der Reflexion des Lichtes und aus einem ganz einfachen geometrischen Muster. Denke an die vier Richtungen des Sonnenaufganges, des Mittags, des Abends und auch der Nacht, welchen wir die Luft, das Feuer, das Wasser und die heilige Erde anvertrauten.

Fast alle ursprünglich heidnischen Symbole und viele Formen der Rituale der weisen Frauen und Männer aller Völker sind in den christlichen aufgegangen und sogar sinnvoll verfeinert worden. Und Unmengen von Kirchen, Kathedralen, Wallfahrtsorte und heilige Plätze der Christenheit – siehe auch das heilige Jerusalem – wurden auf ururalten Fundamenten der Tempel, der Haine und der verehrungswürdigen Plätze der Altvorder-Religionen aufgebaut. Sogar deren Baumaterial wurde verwendet, sodaß manchesmal die Apsis oder der Altar auf Steinen gründeten, welche noch die geheimen Zeichen der alten Gottheiten trugen.

Auch darum ist hier die Mystik, die Magie und die Kraft der tiefsten Erfahrungen und Erinnerungen der Völker der Vergangenheit mit unserer Glaubensgegenwart gebündelt. Bis heute und auch in die Zukunft hinein!

Und mit keltischer Sturheit – ja! - mit geradezu keltischer Sturheit haben wir uns dann ganz dem Neuen hingegeben. Gerade weil dieses Neue, ohne unser Altes zu schädigen, uns die Möglichkeit des Forschens, der Wissensvermittlung, des (damals noch) fortschrittlichen Denkens und Handelns schier anbot. Ein Narr, wer nicht hätte mit vollen Händen und vollem Geist zugegriffen! Und wir haben zugegriffen. Wir haben so fest zugegriffen, daß nach dem Untergange ROMs und nach der Vernichtung der römischen Kultur und Ökonomie durch die barbarischen Völker, Germanen, Goten – Ostgoten und viele andere, fast nur wir, fast nur wir keltischen Wissenden die Träger der mündlichen und schriftlichen Überlieferung in Latein und anderen Sprachen im gesamten westlichen Lande waren. (Michelgaard - das Ostrom – Konstantinopel - klammere ich einmal aus) Man mußte auf uns zurückgreifen, denn in unseren Abteien saßen fleißige Brüder (heimlich auch Schwestern) im Geiste und sie schrieben auf und sie erhielten nicht nur die kanonisierten Texte sondern auch noch vieles an anderem Wissen über die Reisen in die anderen Welten, Wissen über die Questen und über innere und auch äußere Landfahrten und Landnahmen.

Als dann die Frankenkönige mit Schwertgewalt und Kopfabschlagen den christlichen Glauben in den besiegten Stämmen und Völkern festmachen, die Sachsen und die Friesen unterwerfen konnten, da waren unsere Brüder, die keltischen und irischen Missionare natürlich nützliche und brauchbare Verbündete.

Das war für uns die einmalige Gelegenheit, aus unseren Verstecken uns herauszuwagen in die Welt, unser seit Urzeiten auf uns überkommenes Wissen um all die Zusammenhänge in die Waagschale zu werfen und die DREIGESTALTETHEIT des ALL-SCHAFFERS über das Erdenrund zu tragen.

Und als später der Heilige Patrik, ein ehemaliger Druidenschüler, zurück zu uns auf die Insel kam und unter Nutzung unserer eigenen Sprache und auch unter Nutzung unserer keltischen Sitten und Gebräuche das Völk missionierte, da hatte er guten Erfolg. Die Zeit war reif.

Dem obersten Druiden Tuan mac Cairill, der Inkarnation aller Druiden-Gottheiten, predigte er von dem neuen spirituellen Verkünder des

unaussprechlichen und unabbildbaren ALLES-
SCHÖPFERS GOTTvater, also vom HERRN Jesus.
Nun sah Tuan mac Cairill seine Funktion erschöpft,
gerade weil er in der neuen Verkündung die
Weiterführung uralten Dreiklanges zu erkennen
glaubte. Er ließ sich taufen und starb als Christ.

Und glaube mir Mannanon, das Urdruidentum als
Erhalter und Fortführer aller Erkenntnisse der
Vergangenheit und der Zukunft ist in diesem neuen
Verkünder Jesus Christus aufgehoben, gerade weil
auch der GOTTVATER des HERRN Jesus am Anfang
und am Ende aller Erkenntnisse und aller Schöpfung
steht, durch WELCHEN die Schöpfung und das
stetige Erschaffen weitergeführt wird in alle
Ewigkeiten!
Unsere druidische Lehre, wie Du sie aus allen
Erzählungen, aus den Taten und Leiden der Helden,
Götter und Menschen kennst, bringe ich auf die
Formel eines leidenschaftlichen, hemmungslosen
Lebenswillens.

Die Gottheit des ALLESERSCHAFFERS ist unser Ziel.
Doch diese Gottheit, diese einzig namenlose Gottheit
weicht ständig vor unserem menschlichen Streben
zurück. Sie will erreicht sein und doch nicht erreicht
sein.
Und das auf ewig, damit wir uns entwickeln zu
immer höherer menschlicher Qualität über Irrwege
und auch Umwege. So ist hier der WEG das Ziel.
Und das ewiglich.

Darum, ja, gerade darum ist gar nicht verwunderlich,
mein Freund Mannanon, daß eine Vielzahl kluger
Männer und Frauen aus unserem keltischen Erdkreis

sich, ohne sich zu verbiegen und ihren Glauben verleugnen zu müssen, an die Spitze der neuen Religion stellen konnten.

Verzeih mir bitte den langen Brief, aber ich hatte wenig Zeit zum Schreiben, da der Gevatter Tod schon in der Tür steht und mich zum HERRN Jesus führen will – wenn er darf.

Ich danke auch dem Tod, daß er mich hat noch Dieses zu Pergament bringen lassen. Denn wenn Du mein vormaliges Schreiben nur hättest, dann wäre ich schlecht, unwissend und ungehörig in deiner Erinnerung geblieben.

Sei von unserem HERRN Jesus behütet und von unseren Göttinnen und Göttern auch. Bis bald bei Schweinefleisch und Honigbier.

Dein keltischer Kamerad und Diener des HERRN im Geiste,

Ingold!"

Und so ist es halt. Ansichten, einmal zu Pergament gebracht, sind später unveränderbar. Höchstens verfälschbar und bei schlechten Übersetzungen kaum noch verständlich. Ingold hatte noch die Möglichkeit, viele Jahre später seine Ansicht zu ändern, zu präzisieren – aber wer liest schon heute noch das Vorwort zum 4. Vorwort einer 5. Abschrift, in der man Jahre später seine durch Erfahrungen geläuterten Auffassungen und Ansichten erneut niederlegt? KEINER! Fix ist Fix.

Darum, aus dem Grunde der stetigen Veränderung der Welt, der Erfahrungen aus dem und über das Leben, darum ist die verbale, audiale Überlieferung das Credo der Druiden, der Wissenden, der Initiierten. Es ist   und bleibt das Credo der

Geheimnisträger aller Anschauungen von der Welt und den Himmlischen.
Nur im Schleier des mündlich weitergegebenen Mysteriums liegt die wahre Kraft!

Auch damals hat der HERR Jesus nur im Mündlichen seine Jüngerinnen und Jünger unterrichtet über sein Mysterium vom „Himmelreich in uns und um uns" und nur sehr wenige von denen haben es begreifen können. Der Stimme Gewalt muß er als Initiierter auch geübt und gebraucht haben. Wie sonst hätte er sich bei der Bergpredigt über 5 Tausend Menschen verständlich machen können ohne Schallrohr? Der Macht der Stimme und der Macht des gesprochenen Wortes hat er vertraut.

Auch glaube ich, daß „sein Mysterium" nicht die Grundlage unserer heutig vertretenen Religion sein kann. Er meinte bestimmterweise das Himmelreich im Spirituellen, denn „...mein Reich ist nicht von dieser Welt" und doch könne jeder es erreichen, weil es in uns und um uns ist. Auch sagte er, nach Lukas, 11,34, die heute von Nichtinitiierten vollkommen mißgedeuteten Worte: „Wenn nun Dein Auge einfältig ist, so ist Dein ganzer Leib licht"

Nur die Initiierten, die Wissenden, die Mystiker wandelten wirklich im Licht, konnten diesen Übergang in das erweiterte SEIN, in das Jenseitsland, in die Anderswelt; konnten die Trennung von Körper und Seele durch Geisteskraft und langwierige Übungen finden.

So wie der HERR Jesus die Pharisäer schockierte, so sind auch die Oberen heute ebenso betroffen und müßten eigentlich den Text des Lukas, 17,20-21, aus dem Heiligen Neuen Testamente löschen, denn es untergräbt ihren Anspruch auf ihre Herrschaft über die Menschen und Völker auf Erden vollkommen und direkt: „Das Reich Gottes kommt nicht mit äußerlichen Gebärden; man wird auch nicht sagen: Siehe hier! Oder Da ist es! Denn sehet, das Reich Gottes ist inwendig in euch" Damit wäre die Rolle als Vermittler zwischen den Menschen und GOTT und damit der Anspruch der GOTTES-Stellvertretung des Stuhles Petri ein für allemal ausgespielt. Denn jeder Mensch hat die GOTTGLEICHHEIT, das Reich Gottes in sich, kann mit GOTT als mit sich selber reden und tun.

Ja, erst die Späteren haben aufgeschrieben – nicht ER!
Diese haben, so sie wirklich dabei waren, aus dem Gedächtnisse aufgeschrieben und dabei Dinge, Geschehnisse und Wahrheiten festgemacht, die so sicherlich nicht stattgefunden haben, welche sie auch manchesmal in ihrer Tiefe nicht erfassen konnten – wissen wir doch alle, wie trügerisch die *ratio* oftmals daherkommt.

Denn wenn ich es so genau gelesen habe, breiten sich alle 4 Evangelisten über fast alle „selbsterlebten" Ereignisse mit dem HERRN Jesu so ganz unterschiedlich aus. Der eine bringt das und läßt jenes weg; der andere legt ganz anderes auf das Papyros. Hier fehlt Etliches, dort findet sich ganz Dagegenstehendes.

Wo war der HERR Jesus eigentlich nach seinem 12. Lebensjahr? Und die Jahre davor sind auch im Dunklen. Sie lassen ihn erst wieder zur Taufe im Jordan, mit 30 Lebensjahren, aus dem Nirgendwo auftauchen. Schlief er arglos so lange? Woher nahm er seine dann geäußerten Weisheiten, woher nahm er sein Mysterium? Natürlich von GOTT-Vater – aber der ist immer noch sein jüdischer Jahwe-Gott.

Nichts davon ist festgehalten von seinen Jüngern, den Evangelisten. Und wo waren diese vorher und vor allem, wohin ist der Großteil seiner Jünger überhaupt verschwunden? Sollten doch alle in die Welt, nach der Ergießung des Heiligen Geistes zu Pfingsten, um das Wort des HERRN zu predigen. Waren sie eifrig dabei?

Ich weiß eigentlich nur von einem, der die christliche Botschaft vehement unter die Nichtchristen und unter die Römer, ja auch unter die Kelten - die Galater – getragen hat. Dieser haderte und zankte und warf denen ihren Rückfall in den Glauben ihrer Ahnen vor in seinem Brief.

Ohne nachzuschlagen kann ich die Stellen zitieren in seiner Schrift capitel 3, Vers 1 und 4 und 9 und 10:

„Oh ihr unverständigen Galater, wer hat euch bezaubert, dass ihr der Wahrheit nicht gehorchet? Welchen Christus Jesus vor die Augen gemalte war, und jetzt unter euch gekreuziget ist.

Aber zu der Zeit, da ihr GOTT nicht erkanntet, dientet ihr denen, die von Natur nicht Götter sind.

Nun ihr aber GOTT erkannt habt, ja vielmehr von GOTT erkannt seid, wie wendet ihr euch denn wieder zu den schwachen und dürftigen Satzungen, welchen ihr von neuem an dienen wollt?

Ihr haltet Tage, und Monate und Feste, und Jahreszeiten..."

So zeterte er mit den Nachkommen eines keltischen Stammes, welcher im 3. Jahrhundert vor der Geburt des HERRN Jesus raubend und plündernd über das Land der Achaier ins persische Reich eingefallen waren und dort eine neue Heimat gefunden hatte.

Selbst Ancyra ist eines unserer keltischen Oppida gewesen und wie hatte es sich gut gemausert.

Und dieser Paulus, dieser Haderer, ist nicht mal ein Jünger des HERRN gewesen, kannte ihn nicht einmal von Angesicht. Nein, Paulus – der Saulus und Christenverfolger – derjenige hat die Fleißarbeit gemacht unter den Ungläubigen und die Lehre so aufgebaut und so verbreitet, daß selbst der Kaiser Konstantin diese später zum Nutzen des römischen Reiches als einen Pfeiler der Staatsraison öffentlich zur einzig anerkannten Religion ROMs erhob. Und ich denke, dieses ist der wahre Grund – nicht der, welcher vom alten Eusebius von Caesarea genannt wird in der frommen Aufzeichnung vom siegbringenden Lichtkreuz am Himmel des 28. Oktobers 312 vor der milvischen Brücke zu Rom.
hoc signo vinces (In diesem Zeichen wirst Du siegen)

Fragen über Fragen, Antworten über Antworten und jede fällt unter die Häresie! Sollte jemand nach meinem Tode diese Pergamente finden – sicherlich würden die Oberen mich post mortem exkommunizieren: *anathema sit!* (Verflucht sei er!)

Holla! Gefahr war ja schon immer meine zweite Natur. Stets war sie bei mir, war mein zweites Ich.
Wissen wollen birgt immer Gefahr an Leib und Leben! Und doch war das Wissenwollen, das Wissenwollen um das Wissens selbst stets der innerste Antrieb meiner Reise in dieser Welt.

Wissen wollen um des Wissens selbst – das ist der Urantrieb aller Magier, aller Druiden, Propheten, aller kühnen Geister seit Anbeginn der Zeit. War der

Urantrieb aller Initiierten, Philosophen und Hermetiker, Astronomen und Astrologen und aller Heilkundigen.

Wissen wollte ich auch damals, als meine Seele in dem jungen römischen Kaufmann Marcinius verweilte, der in keltische Lande zog um Gewinn einzufahren und dessen letztendlicher Gewinn war, festzustellen, daß von der eigenen Wahrheit im Verlaufe der Geschichte fast nichts, fast gar nichts mehr übrigbleibt. Daß immer nur dasjenige übrigbleibt, was demjenigen, der gerade das Geschehene notiert, noch in seinen Gedanken verblieben ist oder was er aus Staats- oder Glaubensraison gerade noch aufschreiben darf.

Und so bin ich nun der junge Römer – hier in der Zelle darf ich ja sein wer ich will – und lasse wieder einmal die Feder über das dünne Leder fliegen.
So, als hätte er selbst den Griffel geführt, sein Erlebnis der Nachwelt zu notieren in sauberem Latein, um dann enttäuscht zu sein von dem,
...was von der Wahrheit übrigbleibt.

Rom, anno 654 nach Gründung (99 v.Ch.),
„Was nun will der Poseidonios, Jupiter sei`s geklagt, schon wieder von mir? Soll mich doch in Ruhe schwitzen lassen! Ich habe es ihm doch schon so oft erzählt, gestern und in der vorigen Dekade schon einmal! Wenn der so weiter fragt, dann muß ich wohl noch manches hinzu dichten. Soll mich doch in Ruhe lassen. Hab die elendige Fragerei satt und letztendlich glaubt mir doch keiner.“
Hingestreckt auf eine Steinbank, eingehüllt in die wärmenden Dämpfe des Thermalbades am Rande des IV. Sektors unten in der subura, versteckt in der kleinen Gasse der Huren, liegt Marcinius „99 ante anno domini “ und

will hier nur ausspannen. Es ist ein kleines Badehaus, kein stinkreiches Publikum, keine stöhnenden Fettwänste, keine sabbernden Philosophen und auch keine ewig dieselben Geschichten sich erzählenden alten militares. Öl und Handtücher sind gratis. Hier will er seinen Gedanken nachhängen und sich erholen von den Strapazen der langen Handelsfahrt in die Lande der Gallier. Will seine Kräfte wiedergewinnen und wieder das Leben genießen, das Leben eines Römers in Luxus und Versorgtheit, welches fast ein klägliches Ende gefunden hatte, weit hinten in den transalpinischen Landen der fremdstämmigen Gallier, der Keltoioi, wie die Griechen sie genannt haben und vor deren unerwartetem Erscheinen im Latium alle Bürger Roms seit Jahrzehnten im Schlafe zitterten. Liegt er also hingestreckt auf weichem Stoff, die Füße lässig auf der Liegebank, das Laken um sich geworfen, den Wein und die Trauben aus der getriebenen Schale vor sich nehmend und sinniert über die vergangenen Monate. Hier in der Wärme und in der Fülle seiner Heimatstadt, inmitten seiner Freunde und derer, die es glauben zu sein. Auch dieser Poseidonius.

„Poseidonios von Rhodos! Du Schreiberling, der du alles das, was du in Erfahrung bringen kannst, notierst und in langen Listen vermerkst. Der du bis vor kurzem, wie ich weiß, niemals aus Rhodos herausgekommen bist; der du bis heute niemals die Erfahrungen einer strapaziöseren Reise weiter als bis nach ostia und in die urbs gemacht hast, der du mit mir hier in Rom gefeiert und gesoffen und gehurt hast, der du aber von allem Kenntnis zu haben scheinst, was andere erlebt und erlitten haben und der du es verstehst, diese Geschichten, dieses Gesagte/Erzählte so zu fixieren, als ob es die reine Wahrheit, als ob es deine eigene Erkenntnis sei. Und damit machst du deine Sesterzen, daher kommt dein von vielen bezweifelter Ruhm, der dich vielleicht auch noch die Jahrhunderte überdauern lässt.

Ach, Poseidonios, dir werde ich keine Silbe mehr in die Ohren klingen lassen. Dir nicht! Nein, dir nicht mehr!

Gerade darum, weil du mich zu einem Hähnchen gefragt hast. Hähnchen? Ha, Hähnchen! Ich kann keine Hähnchen mehr sehen, ich kann selbst das Wort `Hähnchen` nicht einmal mehr hören! Austern! Austern! Austern! Nach Austern und anderem Muschelgetier steht mir der Sinn. Sage mir keiner mehr das Wort `Hähnchen`! Es kotzt mich an. Es beginnen Ängste in mir aufzusteigen, wenn ich nur das Wort `Hähnchen` höre. Und wenn du mich fragtest in dem Wortlaute Poseidonios, wenn du mich in dem Wortlaute fragtest: „...noch ein Hähnchen, fremder Handelsmann?", dann erwürgte ich dich auf der Stelle hier in der Therme und schickte deine Seele zu den Göttern unserer Stadt! Wahrlich, Poseidonios, wahrlich, so wie ich hier liege!!! Also, halt das Maul!"

Da habe ich mich einmal auf eine Reise gemacht. Jeder Mann in Rom, jeder, der was gilt und der was auf sich hält, hat mir im Vorfeld abgeraten, hat mich für verrückt, hat mich von allen guten Geistern verlassen erklärt, hat mir seine Freundschaft abgeschworen, mich beredet und beklammert, mir von dem was er wußte und von dem was er nicht wußte erzählt, nur um mich abzuhalten von dem Wagnis, dem Blödsinn, den ich vorhabe zu tun, und den ich noch so lässig daherredend, jedermann kund tue.

Ich will in das Land der Gallier ziehen. Ich will dort MEIN Geschäft machen, will römische Waren eintauschen gegen Felle und vor allem gegen geschmiedetes Eisen, gegen geschmiedete Vasen und Dolche und Schwerter und Schalen, gegen all das, von dem man redet und was man hier in der ewigen Stadt schön und `cool` und `in` findet, was die Begehrlichkeit lockt und was hohen Gewinn verspricht – aber auch den Verlust aller Güter und sogar den des Lebens erzielen kann. Ach was, ich bin jung und mutig. Wer will mir schon? Wer kann mich? Es sind doch nur Barbaren!

Und so ziehe ich los. Ziehe los in den iden des märz, damit ich mit dem beginnenden Frühling hinein in das Land der Gallier komme. Ziehe los mit drei Sklaven, die ich aus der

Gladiatorenschule gekauft habe und die des Schwertkampfes mächtig sind und mit einem Wagen, vollgestopft voller Tauschwaren und einem Beutel denare und sesterzen. Und ich ziehe los mit einem mutigen Herzen. Ansonsten habe ich nichts, aber auch gar nichts. Habe noch nicht einmal eine Ahnung von all dem, was uns begegnen kann, was wir schließlich erleben müssen. Aber ich bin jung und bin so mutig, daß mich auch die Ahnung all dessen nicht abschrecken würde.

Nach Norden, nur nach Norden und dann trans alpina nach links, in Richtung Sonnenuntergang, mehr weiß ich nicht. Weiß auch nicht, daß der Schnee hoch liegt, manchmal übermannshoch auf dem Pass, dem einzigen, der dort hinüber führt. Weiß nicht, daß das dahinter liegende Land überbacken ist mit Wäldern, durch die kein Weg und auch kein Steg führt. Weiß nur, daß wenige Stunden vom Pass entfernt ein alter Handelsweg längs durch Gallien führen soll. Und als wir ihn endlich finden und uns auf ihm durch dunkle Hohlwege und manchmal reißende Furten quälen, ständig mit der Angst im Nacken, daß uns ein Pfeil aus dem Leben helfen wird, viele Tage lang, so kommen wir hin und wieder durch kleine, reinliche, von Palisaden umgebene Ansiedlungen, in denen ein reges Treiben herrscht und deren Bewohner uns gar nicht so unfreundlich entgegen kommen. Ja, nach und nach erlerne ich Brocken der barbarisch klingenden Sprache, und das auch nur, weil die Frage nach Wasser und Nahrung lebensnotwendig wird. Not macht lernen! Und ich lerne schnell und wir tauschen dieses und jenes. Aber weiter und weiter zieht es mich in die Tiefe des Landes, in die Tiefe der Wälder. Manchesmal, wenn ich unter dem offenen Himmel nächtens liege, angeschmiegt an die Wärme meines Pferdes, den Sternenhimmel weit über mir, iupiter und mars und venus verstreut am Firmament, überkommt mich eine Freude und dennoch eine große Furcht; bleibt manchmal das Herz mir stille stehen, ob der Fremdheit der Lande und auch der *dunklen Wildnis, durch die wir ziehen müssen. Hinter jedem Strauch, hinter jeder Hecke, deren Namen ich nicht kenne, hinter jeder Wegbiegung und hinter jedem und in jedem dunklen Hain sehe ich die barbarischen Menschen lauern und die Trommeln, die des Nachts die Lüfte durchdringen, lassen meinen Herzschlag schneller, schneller und schneller schlagen und eine ungekannte Angst steigt auf in mir, läßt mich gelähmt und verschwitzt am Morgen erwachen. Und den Sklaven ergeht es ebenso. Und es wird der Wald dichter und dunkler, der Weg steiniger und enger und so werden die Furcht größer und der Mut kleiner und kleiner. Und jeden Abend danken wir den Göttern Roms und unseren Ahnen für einen erlebten Tag und erbitten von ihnen Schutz für die Nacht und für den nächsten Sonnenlauf.*

„...so kommt er doch hierher, der fremde handelsmann, alles was ihr meint, ihr ältesten, ihr krieger, ich hätte das diesem römer nicht zugetraut, schon als Vigetorix uns die kunde gab, daß einer der ihren zu uns unterwegs sei, hoffte ich, daß dieser sohn des verweichlichten roms sich schon in den mühen der großen berge verwickeln würde, aufgeben würde bei der beschwerlichen suche eines begehbaren pfades im gebiet der helvetier, der biturigen und der anderen stämme unseres volkes, in den wäldern der soave,

aber nein! er hielt durch, nichts konnte ihn abhalten seinen weg zu finden und noch dazu sich der mühe zu unterziehen, auf diesem wege die sprache unseres volkes zu lernen, um sich einigermaßen verständlich sich zu machen. ich denke, dieser junge sproß der großen stadt hat einen starken willen! darum wollen wir ihn empfangen, ihn ehren als mutigen mann und ihn unseren göttern vorstellen, aber gemach! fangen wir ihn ein, ehe er in unserem lager zu gast sein darf: ja, ich sagte, gast sein darf! gast, meine lieben freunde!

kein sklave, kein knecht, kein gefangener – wer sich so unkriegerisch bis zu uns hin gequält hat, der, so scheint mir, ist würdig unser gast zu sein, laden wir ihn also ein, gast zu sein zu unserem feste beltaine, dem fest zu ehren unseres gottes BEL, dem Gott des feuers, dem fest zum abschied des winters und dem jauchzenden begrüßen der sommerlichen, warmen jahreszeit; aber nur aus der ferne, denn er ist dennoch kein unsriger – schweigt! das ist bei allen völkern so, daß fremde gäste nicht unmittelbar an den riten teilnehmen dürfen, also ehren wir seinen mut!"

Ha! Nun haben sie uns. Sie haben uns erwartet hinter einer Biegung des Waldes, hinter Stämmen eines offenen Eichenhaines und sie umringen uns stumm.

Den Körper blau bemalt, mit Bogen und Pfeil und eisernem Schwert bewaffnet, Männer mit hochaufgerichtetem Haar, auch in Zöpfen geflochten und in diese Zöpfe hinein,

Jupiter sei uns gnädig! in diese Zöpfe hineingeflochten Knochenstücke – dann Geschrei, Trommelklang, Pfiffe - schrill und betäubend und, hochaufgerichtet in ihrer Mitte, gestützt auf einen blanken, leuchtenden Stab, ein alter stolzer Mann, der mir mit seinen strahlenden, willensstrengen Augen bis tief in mein Herz sticht, bis in die

Tiefen meines Denkens schaut und der mir befehlend nur ein einziges Wort zuruft: ....!

Ich höre es, aber ich verstehe es nicht. Es legt sich über mich wie das Netz des retiariers, des Gladiators, der nur mit Dreizack und Maschengewirk kämpfen muß. Ich werde umfangen von diesem fremden, bannenden Klang wie von einem durchscheinenden Eisblock. Ich erstarre, mir wird kalt, so ungeheuer kalt – und was danach kommt, erlischt in der hellsten Finsternis meines Denkens.

...als mir langsam wärmer wird, das Gribbeln wie kaltes Silber sich aus meinen Adern zurückzieht, als das Gefühl wie nach einer langen Ohnmacht wieder in die Glieder strömt und sich meine Augen an die Dämmerung des Raumes gewöhnen, finde ich mich in weiche, nach Kräutern und Wild riechende Felldecken gehüllt; finde ich mich auf einem breiten Lager aus Birkenreisig wieder und ich verspüre einen mächtigen Hunger und Durst. Die Hand ausstreckend, bemerke ich voller Überraschung, daß ich nicht gefesselt bin. Langsam lasse ich meine Sinne, so, wie ich es mir im Walde angewöhnt hatte, in die nähere und dann immer entferntere Umgebung ausschweifen, zu hören und zu erfühlen, ob sich nicht eine Gefahr irgendwo verberge. Aber nein. Ich liege ganz allein und unbewacht in einem Langhaus, dessen Eingang mit Fellen verschlossen ist. Draußen erklingen die Geräusche eines tätigen Arbeitslebens, erklingen das Gegrunze von Schweinen, das Meckern einiger Ziegen, erklingt das Kreischen von Kindern beim Spiel, das scherzende Lachen und Frozeln der Frauen und die schabenden Geräusche der Mahlsteine. Es rauscht der Wind in den Zweigen der Bäume und er reibt sich im frischen Blattgrün der Büsche. Es ist eine tiefe friedliche Stimmung und die Angst, die beim Erwachen mir noch das Herz abgedrückt hatte, verfließt unverständigerweise irgendwohin. Weit hinten rufen sich Männerstimmen etwas *zu und die knarrenden Sättel entfernen sich samt dem Gewieher der Pferde. Friedensstimmung in Feindesland?*

Wieso Feindesland? Wollte ich nicht entgegen aller gut- und schlechtgemeinten Ratschläge aus eigenem Willen hierher in diese Gefilde? Habe ich nicht jugendsehnsuchtsvoll und übermütig auf eigene Faust und eigene Gefahr dieses Land finden wollen? Dann ist es wohl doch kein Feindesland! – Aber Freundesland ist es wohl auch nicht! Denn seit Rom im Jahre 364 nach seiner Gründung von den Galliern überfallen, für über 6 Monate belagert und ausgeraubt worden war, hatte es eine wirkliche, schreckliche Angst vor diesem wilden Volke, das immer nur das barbarische genannt wurde. Mehr als 3 Viertel Jahrhunderte später hatte Rom unter marius, einem urälteren Onkel caesars, seine Kriegerschaft neu und streng organisiert, nach manipeln, kohorten, legionen aufgestellt, die neuartigen, aus Eisen geschmiedeten Waffen der Kelten, vor allem das "gladus", denn so nannten es die Kelten, in ihre Kampfeskraft einbezogen. Rom kämpfte ab dann mit Berufssoldaten und nicht mit Bauern, welche immer so schnell wie möglich wieder auf ihre Felder wollten. Roms Legionäre sind besoldet und sie kämpfen eigentlich nicht für Rom, sondern für ihren Feldherrn, den sie verehren und für den sie siegen, rundum auf dem Erdkreis. Selbst die heute so triviale Seife, ‚sopa‘ genannt, ist eine keltische Erfindung und hat zu unserer römischen Reinlichkeit bei der Benutzung in den Thermen und zur Sauberhaltung der römischen Krieger viel beigetragen.

Hatte Rom sich nicht auch unter dem Gedenken dieser schmählichen Niederlagen durch die Gallier vor allem auf politischem und wirtschaftlichem Gebiet neu und strenger organisiert und damit große Erfolge im Erdkreis erzielt? Ist Rom nicht auch derentwegen zu der einzigen Macht rund um das mittlere Meer geworden? (wenn man von unseren Vorrangkämpfen mit den verfluchten Karthagern, welche

seit knapp ein paar Jahren ausgestanden sind, einmal
absehen will.)

‚gallicos ad portas‘ – das war ein genauso geflügeltes Wort
geworden wie viele, viele Jahre später der Ruf ‚hannibal ad
portas‘!

Doch Hannibal interessiert mich heute nicht. Heute gilt es,
meine eigene Haut und die meiner Sklaven zu retten, meine
Waren und meine Sesterzen zu retten und eventuell, falls
ich hier unsere Ärsche heil heraus bekomme, noch ein gutes
Geschäft abzuschließen. Das heißt aber, vorerst und noch
etwas länger am Leben zu bleiben. Nun, komme was und
wer da wolle! Zähne hoch und den Kopf zusammengebissen!
Nutze was du hast, Marcinius! Viel ist es nicht.

Also streng deinen Kopf an, solange er frohlockend noch auf
deinem Hals sitzt und nicht am Türstock eines keltischen
Häuptlingshauses aufgenagelt ist. Denk immer vorher und
reiß` den Mund nicht zu früh auf. Sei wachsam, Marcinius.
Immer! Sei immer wachsam!

Dem Geruch der Luft nach, dem Vogelgezwitscher und auch
der drängenden Sehnsucht meiner Lenden, meinem Gefühl
nach, muß es mittlerweile auch schon später Frühling
geworden sein, denn ich höre die Lämmer mit ihren dünnen
Stimmchen zwischen den Mutterschafen blöcken. Sollte ich
hier und jetzt an mein noch allzu frühes Ende kommen;
sollten mich alle meine Götter gerade jetzt verlassen haben?

Sie kommen, mich zu holen. Es klingen die Schritte schwerer
Männer vor dem Langhause schmatzend in der feuchten
Erde, Geräusper und leises Gezisch, bevor die Felle am
Türsturz sich heben. Licht bricht in mein Dunkel ein und
schemenhaft stehen wuchtige Gestalten im Eingang und
treten langsam und vorsichtig sichernd an mich heran.

In die Mitte werde ich genommen. Ungefesselt und frei kann
ich in die Helligkeit eines wunderschönen Sonnentages
treten; und vorbei an mich anstaunenden Frauen und
Kindern werde ich zu einem erhöhten Platz geführt. Aus
Rasensoden ist ein hoher Sitz zwischen zwei Baumstämmen

88

aufgebaut, mit Fellen belegt. Kopfoben in den Zweigen der Bäume hängen Federwische und kreisförmig gewundene Zweige mit Federn und Muscheln und Fellen kleiner Tiere behängt. Ein großes Horn eines Widders, verbunden mit Speer und Bogen und Pfeil ist an der rechten Seite angebracht und auf der linken, über einem Weidenschild – oh! iupiter! - sind wirklich Köpfe angebunden. Vergiß es! Nur Köpfe. Langhaarige und glattrasierte Köpfe auch.

Auf dem erhöhten Sitz aber sehe ich den Mann wieder, der mich in das Grauen der seelischen Einsamkeit hat versinken lassen. Mich hat versinken lassen in die Tiefen meines Geistes nur durch ein einziges Wort – ein Bannwort wahrscheinlich.

Macht und Magie, Wille und Kraft erstrahlt aus seinen Augen, welche heute doch recht freundlich auf mich blicken und die dennoch in die Seele mir schauen, bis in ihren tiefsten Grund. Vor diesem Geist gibt es niemals ein Geheimnis, Marcinius! Diesem Manne kannst du nichts, aber auch gar nichts vorspiegeln. Merke Dir das! Gib dich hin, nimm seine Fragen und alles das, was er über dich sagt, von dir erfragt, über dich wissen will und was er dich wissen lassen will, an. Nimm es an, es ist ein heiliger Mann – es ist ihr Druide!

Wie erleichtert bin ich doch, als mich seine weitgreifende Hand einlädt, mich zu ihm zu setzen, er mir das Horn reicht, den Met zu trinken als einen Begrüßungstrunk, er mir mit freundlichen Worten, von denen ich nicht viel, sondern nur dem Tonfalle nach verstehe, daß ich Gast bin, zuredet.

Marcinius! Junge, du bist Gast! Wie verrückt das klingt. Ich bin Gast bei den köpfeabschlagenden Kelten – ICH habe das Gastrecht – habe die Heiligkeit des Gastrechtes bekommen. Junge, was bin ich ein Glückspilz! Aber was weiter?

Der Druide und ein neben ihm sitzender, die Autorität eines Kriegers ausstrahlender älterer Mann, nötigen mich mit einigen Gesten zuzufassen und zu essen und zu trinken. Salate, Pilze und gebackene Hähnchen und Wachteln standen mich zu stärken, denn – so läßt es mich der Druide wissen – ich hätte 4 Sonnenläufe geschlafen. Meine Sklaven seien wohlauf und meine Ware und das Zuggetier auch sicher verwahrt.

Und es entspinnt sich ein mit Händen, Füßen und radebrechenden Worten geführtes Gespräch nach dem Woher und dem Wohin und dem Weshalb meiner Reise hierher und nach den Zielen meiner Selbst. Nichts blieb den scharfen Augen, den Ohren, den Sinnen meiner Gesprächspartner verborgen. Ich glaube, sie wußten um Alles. Auch um das, was ich ihnen nicht sagen wollte oder konnte, da es tief verschüttet in meinen Gedanken ruhte. Die Kraft des Weisen hatte alles schon aufgespürt, das jedenfalls ließ er mich voller Güte ohne Worte wissen.

Und eingeladen bin ich. Eingeladen zu einem ihrer heiligsten Feste – zum Feste ihres Gottes BEL, des Gottes der Feuer, das in Bälde vollzogen werden würde.

Und mit dieser Einladung entlassen sie mich für heute und ich begebe mich zu meinem Eigentum an Mensch, Tier und Sachen. Auch hier finde ich alles in der Ordnung, beruhige die Sklaven und berichtet ihnen von der doch freundlichen Aufnahme und das wir frei uns bewegen könnten im Umkreis des Fleckens, wenn wir uns an die Bedingungen des heiligen Gastrechtes hielten. Auch ein kleiner Handel zwischen mir und dem Volke beginnt stattzufinden und ich tausche Gutes gegen Gutes.

Dennoch bleibt immer eine Angst, ein gelinder Schrecken in meinem Herzen. Denn wie lang hält das Versprechen eines Barbaren, eines Wilden, das Versprechen eines fremden Volkes? Wann übertrete ich unbewußt unbekannte Grenzen und verletze Sitten und Gebräuche, mache strafbar mich nach fremden Gesetze, verletze heilige Stätten und lästere ihre Göttinen und Götter? Auch das, Marcinius, will bedacht sein, denn unser Leben hängt davon ab!

Und was wird zum Feste des Gottes BEL eigentlich geschehen – endet danach das Gastrecht? Kommen wir, komme ich überhaupt noch einmal aus der Wildnis heraus, läßt man uns überhaupt gehen, nachdem wir das Unfassbare, das Heilige, das Verehrenswürdigste haben schauen, hören, erleben dürfen? Ach, Junge, frag dich nicht so viel, mach dich nicht verrückt, es kommt doch anders als du denkst.

Heute also ist der Tag der Feier. Das Dorf liegt in einer wunderlichen Ruhe, hingebannt in einen sonnigen Morgen. Kein lautes Treiben zwischen den Hütten, kein Kreischen der Kinder. Die Mahlsteine ruhen. Stallungen und Wohnhäuser sind geschmückt mit jungem, frischen Grün. Das Vieh steht bunt geschmückt auf der großen Weide hinter dem Anger und glotzt mit großen Augen auf das so lange ungewohnte Treiben der Menschen. Frauen wie Männer wie Kinder treten festlich geschmückt mit den Gaben der Mutter Natur ins Rund des Platzes unter einen großen Baum. Hörner erklingen in tiefem Tone. Durch lange, ausgehöhlte Baumstämme blasen dickbackig einige Krieger keuchend die Luft, welche sich zu Tönen in die Landschaft wälzt. Flöten, einige schrill und andere lieblich, lassen einfache Melodien in die Wiesen erklingen und es hebt ein Lachen und Singen an – so voller Freude und Lust am Leben.

Alles erscheint mir wie ein Aufwachen, wie ein Aufbruch von Natur und Mensch nach dieser langen, kalten Winterzeit hier in diesen Landen. Wir Römer kennen diesen abrupten Wechsel der Jahreszeiten nicht, kennen nicht diese alles Leben hemmende, vernichtende kalte Jahreszeit, deren Ende man mit solchen Festen aller Sippenmitglieder feierlich begeht.

Wir Römer kennen nicht diese unsagbare Freude, dieses sich Erfreuen an dem ersten Grün und an den ersten warmen Sonnenstrahlen, die nicht nur die Natur vom Eise befreien, sondern auch die Herzen und die Sinne der Menschen erwärmen, sie lustvoll auf das neue Jahr werden lassen, fruchtbringend sich hingebend den Göttinnen und Göttern und auch den Partnern des anderen Geschlechtes, zur Freude der Sinne und zu Ehren der Fruchtbarkeit des Landes. Für jedes Alter; für Kinder, Junge, Ältere und auch für die Alten selbst bricht wieder eine neue Jahreszeit an. Es ist ein Aufbruch der Sinne, der Gefühle. Der Mut für neue Projekte und Vorhaben wird stärker, wird lüftiger und leichter und die Sehnsucht nach Lieben bei Jung und auch bei Alt schießt wie der Saft in die Bäume in die Hirne und in die Herzen und in die Lenden.

Ach, hat das Feiern eine Art! Ich stehe und sitze als Gast nicht nur dabei, Nein! Ich werde in diese zauberhafte Stimmung einbezogen, kann und will mich nicht dagegen wehren. Ich lasse mich in diesen feierlichen Tag fallen wie ein Jüngling in seine erste honigsüßbittere Liebe und ich weiß, daß ich am Nachmittage schon voller Honigmet und Honigbier und gebratener Hähnchen sein werde. Honigmet, berauschend süß und berauschend lieblich und Hähnchen, scharf gebraten, mit Bärlauch gespickt und mit dem Fleisch wilder Tiere. Ich werde, so ich darf, mit den schönsten Maiden mich im Tanze drehen und mit den Männern meine Schritte stampfen – auch zu Ehren ihres Gottes, des Gottes meiner Gastgeber und Lebenserhalter. Zu Ehren dieses barbarischen, keltischen Gottes BEL.

Weit in der Wiese hinter dem Anger wird jetzt ein großes Gerüst aus Holz aufgebaut. Lange haben die Männer in den letzten Tagen in weitem Umkreis junge, biegsame Stämme von Weide, Ahorn, Buche und Esche geschnitten und zu einem großen Hauf gestapelt. Nun flechten sie diese jungen Hölzer zu einer riesigen Kuppel, die einen riesigen Kreis umschließt und so wird es auch. In der Mitte heben sie eine Grube aus, welche sie mit Steinen füllen, auf denen ein Feuer bereitet werden soll.

Das Fällen der zwei, den Eingang bildenden Torbäume wird sorgsam vom Druiden begleitet, welcher heute bei jedem Schnitt in das Baumgeäst seine Bitte um Verzeihung an die Göttinnen des Haines richtet:

ahira here ze nemeton	Ahorn hier im heiligen Hain
rige seggr nemeeaa	reiche Gefährten im Himmel
nit haptrme sannr	nicht hafte mir Strafe
segisna snid segisna snide	Sichel schneide,

Und so entsteht jetzt ein Gebilde, was im oberen Bereiche einem Menschen nachgeahmt ist und dessen Mitte einen großen Bauch darstellt. Was soll dort geschehen, Alter? Auf meine Fragen erhalte ich keine Antwort und die Männer sind verschwunden. Allein der Älteste und der Druide lassen sich mit mir zu Sonnenuntergang am Rasenplatz nieder und wir heiligen den Abend und die untergehende Sonne mit einem Trankopfer, welches alle Verstorbenen, alle Lebenden und auch alle Zukünftigen in sich einschließt. Kunstvoll geschmiedete silberne Becher in der Hand, stehen wir im Sonnenuntergang, welcher das Land mit der tiefroten Farbe des Blutes überschüttet. Und während der Druide, auf seinen gleißenden Stab gestützt, wunderliche Zeichen in die Abendluft schreibt und mich mit getragener Stimme dem Alten anvertraut, bewegt er sich mit schnellen, leichten Schritten, unhörbar fast, fast auf magische Weise in Richtung des Weidengeflechtes.. Der alte Krieger nimmt mich beim Arm und führt mich zu unserem gemeinsamen Sitz zurück und wir beginnen uns zu zuprosten, uns zuzutrinken. Und dieses mit unverdünntem Wein, was ich als Römer nicht gewohnt bin, denn wir zivilisierten Römer trinken den Wein stets mit Wasser verdünnt. Und wehe den pocillatores, den Haussklaven, die nicht auf das jeweilig gewünschte Mischungsverhältnis achten! Es könnte ihr letztes Versehen gewesen sein. Aber hier trinke ich unverdünnt. Wir beide essen gebratene Hähnchen und wir beide stürzen einen

Becher, ein Horn Met um das andere in uns hinein. Meine Welt beginnt sich zwischen den freundlichen Augen des alten Mannes zu drehen. Es kreisen alle meine 2-3-4-5 Hände samt den aus Kupfer getriebenen 6-7-8-9-Bechern an mir vorbei, anhalten kann ich keinen, es kommt nun schon wieder einmal ein goldener Stern erneut auf mich zu, auf den ich nicht aufspringen kann, um lachend zum Waldrande zu reiten, denn er hat weder Sattel noch Zaumzeug, aber er hat ein doch so wunderbar schönes Gesicht mit Augen, wie zwei tiefe blaue Seen, und als ich aufstehe nach immer weiter unten, ist mir, als hörte ich die Äolsharfe durch das nachttaggoldenblaue Laubwerk glitzern so wie flinke Fische fliegen durch das grüne Gras in das ich dann meinen Kopf lege damit er ausglüht und immer weniger mehr überrascht mich der Verdacht, daß ich in einen kleinen trunkenen Rausch falle der mich all die bisherigen Ängste vergessen macht und frei meinen Geist fliegen läßt ihn hinaufundhinunterundirgend-wohin fliegen läßt und ich weiß nicht warum und ich weiß nicht wie lange und es ist mir auch so was von egal ist mir das und das andere – das Unfaßbare - auch.

„...krieger, frauen und männer und kinder, mein volk! wie immer seit anbeginn unserer wanderung haben wir heute gemeinsam das große haus des gottes BEL aus jungen baumstämmen errichtet, haben es mit frischem laub und maiengrün, mit fellen abgedeckt, in seiner dunklen mitte ist das segenspendende feuer entzündet, es prasselt im rund und es prasselt nach oben mit lohender flamme, und nach sitte der vorfahren sitzen wir nackt im kreis darum, wir haben den lebenden kreis des werdens und des vergehens geschlossen mit unseren körpern, um die neue wärmere jahreszeit zu begrüßen, haben das wasser der heiligen quelle auf die steinerne glut gegeben, immer wieder, daß die mit kräuterduft versetzten dämpfe in die höhe steigen und unsere leiber mit feuchtigkeit und hitze umhüllen, wie uns beim austritt aus dem leibe der mutter feuchtigkeit und hitze umhüllte, wir sind hier am heiligen feuer beieinander, damit uns die schlechten gedanken, die unguten wünsche und triebe verlassen, damit wir uns reinigen von allem unnatürlichen, das sich in uns hat einschleichen können; unsere trommler trommeln den rhythmus der vergänglichkeit der zeit in die nacht, unsere sängerinnen und sänger erinnern uns mit leisen und lauten gesängen an unser früher, an das heute, und auch das morgen sollen sie singen und preisen unser leben, das leben überhaupt; mütter, frauen, maiden, väter, männer, jungmannen! laßt uns heute in diesem Weidenzelt, welches man in vielen, vielen jahren irgendwo und überall eine schwitzhütte nennen wird, das fest des gottes BEL feierlich begehen, so wie seit vielen händevoll von jahren auf unseren wanderzügen von land zu land; reinigen wir uns und schmücken wir uns mit allem was uns heilig ist, laßt uns singen und tanzen, laßt uns speisen und trinken, laßt uns spaßen und uns auch lieben mit der kraft unserer körper und unserer herzen, geben wir den verstorbenen, den lebenden und auch den zukünftigen von unserem sein etwas ab, laßt uns all das schwere und auch an das leichte denken, an den kampf und an den frieden, an unsere feinde und unsere freunde, hebt die becher und die seelen himmelwärts und bitten wir gemeinsam die göttinnen und götter der haine, der wälder, der quellen und flüsse und winde um ihren segen und danken wir ihnen kraftvoll nach unserer völker art und weise; alles um uns sind wir, wir alle sind die erde, wir sind der himmel, wir sind wald und feld, sind vogel und wild, wir sind gesagtes und gedachtes, sind lebendes und dahingegangenes – all

das alles sind wir, wir sind kinder der urmutter erde
und wollen es bleiben, reinigen wir uns in den
dämpfen und in der hitze des heiligen dampfbades
und ehren wir einen unserer mächtigsten götter, den
gott des allmächtigen feuers, BEL,

...er ist der wind, der über die see bläst;
er ist die woge des ozeans;
er ist das murmeln der nebelschwaden;
er ist der stier der sieben kämpfe;
er ist der geier auf dem felsen;
er ist der strahl der sonne;
er ist die schönste aller blumen;
er ist ein wilder eber an heldenmut;
er ist der salm im teich;
er ist der see in der ebene;
er ist das können des handwerkers;
er ist die gelehrte wissenschaft;
er ist die kampfbereite speerspitze;
er ist der gott, der in uns menschen das feuer des geistes
entflammt!
er ist der gott, der unsere geister erleuchtet;
er ist der gott, für den wir uns heute versammeln;
er ist der gott, der unser entzücken hervorruft und auch
unsere schrecken und unseren stolz und auch unsere demut,
unsere ekstase und auch unsere angst und unsere liebe!
! alles das ist er !
und er ist bei uns heute und wir sind bei ihm;
lassen wir nach vollbrachter reinigung das holz der
hütte in hellen flammen gen himmel auflodern,
heilige flamme, reinige uns!
heilige flamme, reiße alle unsere wünsche
himmelwärts!
und nun, meine lieben: schreit sie heraus aus euch,
schreit sie heraus, schreit sie laut heraus,
euere liebe zum leben!!!;"

Ein lauer Wind treibt von Ferne das immer lauter und immer stärker und immer wilder werdende Trommeln herbei, er vermischt die schreienden Klänge von Flöten und Hörnern. Und dort auf der Wiese Feuer. Feuer, Feuer! Hilft denn keiner? Ist denn niemand hier, zu helfen? Wooooo seiiiid iiihr?

Aus dem Bauche des Holzgerippes dringen Rauchwolken, Gischt und Schwaden von Dampf. Es ertönen über die Weite des Feldes Schreie und Gesänge und Schreie von einer Art und Weise, welche ich selbst bei unseren **saturnalien** *niemals bisher in meinem Leben hatte hören können und müssen. Es ist ein Aufschrei von Stimmen, männlichen und weiblichen! Lieder enden in schrillem Klang, abrupt zerbrochen; und die Trommeln tönen und tönen und tönen in einem den Herzschlag immer wilder antreibenden Stakkato und mir beginnt unter den blitzenden Augen des alten Kriegers immer ängstlicher zu werden. Mich faßt die Angst beim Kragen, zumal er ein breites Schwert zückt und in einem furiosen Tanze einherschreitet, Laute der Beschwörung und der Anrufung ausstoßend, welche mir als kultiviertem Römer so fremd, so unendlich fremd und infernalisch in die Ohren klingen.*

Aus der Entfernung von 200 Schritten und durch meine vernebelten Augen sehe ich jetzt eine riesige Flamme aus dem Weidenbauche aufsteigen und die Gesänge, das Getöne und das Getöse der Trommeln und der Hörner und die Stimmen enden in schrillem Aufschrei.

Der Met und die Menge Honigbier, welche schon in meinem Blute kreisen und die meine Wahrnehmungen aufs Gefährlichste geschärft haben, so besoffen ich auch bin; dieser Anteil des Mets stürzt mich brutal und schonungslos in die Erkenntnis, die so grausam mir erscheint, daß ich meine Angst bis zum heutigen Tage nicht habe loswerden können:

Die Erkenntnis, daß in diesen Flammen, in diesem höllischen Inferno, Menschen zu Ehren ihres Feuergottes BEL verbrannt sind. Mit dieser, **meiner** *Erkenntnis sinke ich zu Boden, sternhagelvoll und hoffend, nie wieder aufzuwachen.*

Der Rest meiner Reise war Flucht! Flucht vor Allen und Allem und Flucht vor der Angst in mir selbst. Hinter jedem Baum, hinter jeder Hecke und jedem Fels, selbst im Getöne des Windes in den Wipfeln der Bäume hörte, sah und spürte ich die Macht des keltischen Alten und erst hinter den Toren meiner Stadt, mit klapperndem Wagen in tiefer Nacht auf der via sacra, nach einem Rennen in den tempio di vesta und danach in den tempio di castore e polluce, nach reichlichen Gaben an die Götter Roms, kam ich nach und nach zur Ruhe.

Und deshalb, gerade aus diesem Grunde, Poseidonius, will ich die Frage nach einem Essen, nach einem Gelage mit Hähnchenfleisch *nie und nimmer mehr hören!*

Also halts Maul, Poseidonius!"

....

Übriggeblieben von dem Reisebericht des Marcinius – wenn ich mich noch so richtig erinnere - nach dem Durchlaufen der Siebe der Mäuler, der Gänsekiele und der späteren Kugelschreiber ist nur noch, daß alle Welt dem Poseidonios und dem Gaijus Julius Caesar (*de bello gallico;* Der Gallische Krieg) Glauben schenken, wenn diese behaupten

„...daß die gallischen Kelten ... in Zeiten der Gefahr, ob öffentlicher oder privater Art, Menschenopfer darbrachten oder gelobten, es zu tun, wobei sie die Leitung dieser Zeremonien den Druiden übertrugen..."

„...andere Stämme haben Gebilde von ungeheurer Größe, deren aus Ruten zusammengeflochtene Glieder sie mit lebenden Menschen füllen; sie werden von unten angezündet, und die von der Flamme Eingeschlossenen werden getötet." (VI,16)

Oftmals habe ich mich beim Nachdenken über diese Aufzeichnungen geärgert, gerade weil diese Aussagen bis in die Zukunft hinein unsere keltischen Völker als blutrünstig und grausam brandmarken und sie in ihren Sitten und Gebräuchen stigmatisieren. Aber wie werden wohl Zukünftige über die *panem et circensis,* die „Brot und Spiele-Traditionen" der Römer im *circus maximus* und in den anderen Arenen des römischen Imperiums befinden, als dort manchesmal täglich tausende Menschen (zu einer Seeschlacht an einem Tage sogar über 15 Tausend) sich vor den Augen und zum Vergnügen der Zuschauer hinschlachten mußten. Wobei später auch die frühen Anhänger unseres HERRN Jesu zur Belustigung des *plebs* und der *patricii* in die Arenen geschickt wurden, um sich von Gladiatoren und von wilden Tieren metzeln zu lassen. Und an die Kreuze geschlagen wurden sie auch.

Das ist die eigentliche Barbarei!

Gegen diese Barbarei ist die zu Ehren der Götter freiwillig zum Wohle der Gemeinschaft dem Tod gegebene Opferung eines Lebens etwas völlig Anderes. Diese Opferung, sie wiegt unendlich

schwerer und hat eine hohe, eine höchst religiöse
Würde.

Was anderes hat denn der HERR Jesus getan, als er,
ohne sich zu wehren, zum Wohle der vergangenen
und auch der zukünftigen Menschen, sie alle zu
erlösen, den Opfertod am Kreuz auf sich genommen
hat? Nichts Kleineres und nichts Anderes hat er zum
Wohle der Gemeinschaft getan!
ut in omnibus glorifecetur Deus
Damit in allem Gott verherrlicht werde.

Stets also habe ich mich über solche Art
Verfälschungen des realistischen Hintergrundes und
des Herganges unserer Opferungen mit den Worten
„so etwas haben wir Kelten nicht getan!" in den
Harnisch bringen lassen. Aber dann nahm mich mein
historisch geschultes Gewissen zur Seite und brachte
das Ganze in eine für mich zeitgemäße Logik:
„Laß Dir sagen, mein Freund Mannanon, laß Dir
sagen, daß die Wahrheit das ist, was von einer
Geschichte übrigbleibt, wenn man die Einzelheiten
längst vergessen hat. Der gewissenhafteste Chronist
läßt hier und da und manchesmal vieles weg, weil er
ja nicht alles aufschreiben kann, von dem was passiert
ist. Und schon wird das Wenige, was er gehört,
gesehen und aufbewahrt hat, ein Übergewicht
bekommen, und wenn es auch oftmals ein falsches
ist."

*„Und das ist dann das Wenige, was von der Wahrheit
übrigbleibt"*

Und so, denke ich, war das auch mit der Lebensgeschichte unseres HERRN Jesus.

Es durfte nur dasjenige Wahrheit sein und bleiben, was 200 Jahre nach seinem Tode für die Oberen stimmig war. *sic!*

Himmel! Was hat meine Feder da eben oder war es vorige Nacht schon, wieder ausgespuckt.

Das reicht ja aus, mich für alle Zeit aus allen Klöstern auszuweisen. War es der Wein, der rote, oder war es wirklich das Drängen aus dem Kopf heraus, das mich seit vielen Jahren immer wieder zwingt, über alles Mögliche und Unmögliche auch oder über die Fragen des Lebens selbst mich auszubreiten? Hier in der kalten Zelle wenigstens erst einmal für mich selbst. Und für mich allein! Für mich allein mit meinen Hoffnungen und Ängsten.

So kommen mir auch schon hin und wieder die Gedanken an das Sterben und an die Zeit nach dem Gestorbensein. So richtig trostreich ist die verkündete Nachricht von dem Sein im Himmelreich wohl nicht, denn als Gegenstück für alle Sünder wie mich steht ja die Hölle. Was diese Hölle alles an Inhalt hat, das werden viele Prediger heute und in aller Zukunft in bunten, feurigen Worten dem sündigen Volke vorhalten können. Es wird sogar Spezialisten dafür geben.

Aber was mache ich die vielen Ewigkeiten lang im Himmel, oh HERR? Nur Äon für Äon Hosianna singen und DICH anschauen und preisen? Nur das? Oder das *te Deum te Deum,* (das: Dich, Gott loben wir...) noch obendrein?

Es gibt wirklich wenig, wenig Anschauliches zu verkünden, außer dem Hinweis auf ewige Seeligkeit.

Aber was ist die ewige Seeligkeit? In unserer christlichen Auffassung ist da wenig definiert.

Meine Vorfahren hatten da, wie viele andere Völker, handfestere Vorstellungen von einem Wieder-Weiterleben im Kreise der Lieben und der Helden ihrer Gemeinschaft. Dennoch weiß ich noch, wie ich am Lager meines Vaters stand, als er fortgehen mußte in die Anderswelt, in das Leuchtende Licht, wohin jeder einmal seine Schritte machen muß. Und ich bekam meine Zweifel an jeder Art eines Lebens nach dem Tode, wo es doch viel wichtiger ist, zu Lebzeiten miteinander gut zu sein, es gut zu haben im Kreise der Freunde, der Lieben und der Völker. Nicht erst IRGENDWANN im IRGENDWOAUCHIMMER!

„Aufgeschüttelt ist meine Bettstreu, zerdrückt die Felle, vor allem dort, wo meine Hände sie zerknüllen, sich in sie hineinkrallen, nur um die Zeit festzuhalten, welche unaufhaltsam an mir vorbei zieht, sie rauscht um mich herum, sie zieht und zieht und zieht - vorbei, meine Brust hebt sich und senkt sich, manchmal voller Schmerzen, nicht mehr, lange nicht mehr so kraftvoll wie vor Jahren, als ich noch Bäume ausriß und andere einpflanzte, tanzte, liebte, spaß'te und schaffte, sie hebt sich und sie senkt sich nur noch um den Atem zu schöpfen, der die Lebenstunden um Einiges verlängern hilft, und meine Hände greifen und greifen! Die Augen geschlossen, die Augen geöffnet, was sehen sie noch von der Welt? Draußen ist der Frühling, aber mir ist tief innen so kalt, und der Atem verströmt, die Schmerzen spiegeln mir Leben noch vor: 'wer Schmerz verspüren kann, der lebt noch', die Besuche der lieben Lieben , so gut gemeint, beginnen mich zu ermüden, das Sprechen mit der Stimme fällt immer schwerer und die Sprache der Augen verstehen wenige noch - keiner fragt die richtigen Fragen, keiner fragt

102

die einzige Frage des Augenblickes - was noch?, wie lange noch? -

Sie sitzen und sie stehen am Rande des Pfühles, so nah und doch schon so unendlich weit von mir entfernt, das Schweigen breitet sich weiter und weiter aus trotz der guten Worte.

Angst fühle ich in ihnen - ängstlich vermeiden sie alle, die Wahrheit in meinen Augen zu erkennen, zu sehen - sie wenden die Köpfe und sie sprechen Belanglosigkeiten aus, so wie man mit einem zufällig Erkrankten spricht, sprechen vom beltaine-fest, vom Honigbier und daß ich doch mit dabei sein werde, wenn wir über die Feuer springen - ich weiß' es ja: sie wollen Rücksicht nehmen und mir die Hoffnung lassen, die Hoffnung auf WAS ?

Doch da sind auch oft Hände, die die meinen halten und streicheln und das tut so gut, so unendlich gut, denn Händehalten ist vielleicht immer das Schönste gewesen im Leben. Gewesen? Ja! Gewesen!"

So sehe ich, sein Sohn, die Gedanken meines Vaters.

So sehe ich ihn hier liegen, wie damals die Mutter lag. Ich selbst weiß, ich möchte heute vieles anders machen. Sagen, sagen, sagen, daß ich ihn mag, nicht nur seine alten Hände halten; ich, das Kind, seine, des Vaters. Wir beide schweigen in der langen, langen Berührung unserer beider Hände, die sich doch so viele Jahre nicht so haben berühren können.

Damals des Vaters behütende Hand, die Trostspendende, Schaffende, manchesmal harte Hand, oft unverstanden vom Kinde. Heute meine eigene, trostspendenwollende, trostspendenkönnende?

Angst! Ja, Angst. Auf der langen Wanderung durch die Wälder und Orte zu ihm hin strudelten Jahrzehnte in durcheinanderpurzelnden Bildern in den Nebelnächten an mir vorbei. Bilder, Schneestürme voll Bilder, ganze Gemälde von Feiern, Arbeitsgängen, Lustiges in Menge und Ernstes auch, aber immer der leuchtende Grundtenor von Lebens- und Schaffenslust und Schaffenskraft.

Nun treffen sich zwei alte Männer hier am Bett. Alter Vater, alter Sohn, selbst Vater und beide denken leise aneinander, übereinander, voneinander. Ohne Worte.

Und in der unausgesprochenen Frage liegt immer schon die Antwort: Vergänglichkeit!

Leben ist Vergänglichkeit, ist Liebe in Vergänglichkeit. Ist: Gut zueinander sein, damit das Leben lebenswert und erfüllt gelebt ist.

Und es ist die Alleinheit, die Einsamkeit des hier Liegenden, die mich so schmerzt, die mich so an verflossene, oftmals so leichtsinnig vertane Zeit erinnert - Hammerschlägen gleich. Verflossene Zeit, die ich besser hätte nutzen können, um alle, die ich liebe, mochte, noch (noch!) habe, zu sehen, zu sprechen, zu begrüßen, wann immer es nur möglich, weil auch ich Angst habe vor diesem Alleinsein, dem noch nicht **All-Eins-Sein**. Zeit, die oftmals irgendwo, irgendwie, ohne gute Worte oder/und gute Gedanken vertan wurde, immer noch **vertan wird**.

Blumen auf kalter Erde, Wem nützen sie noch, wen erfreuen sie noch, wenn sie doch zu warmen Worten, zu warmem Blute gehören, aber nicht gegeben wurden? Und was bewirken die Worte, die Gedanken über dem Stein, wenn sie lebetags nicht ausgesprochen. Sei es auch nur ein:

Du, ich denke an Dich, ich freue mich mit Dir, für Dich, auf Dich! Verlass' Dich auf mich, dann sind wir beide nicht verlassen.

In der Frage liegt immer schon die Antwort!

Kümmerte mich die Einsamkeit des/der Anderen? Kümmerte mich die Traurigkeit in ihren Herzen, auch wenn oftmals die Augen strahlten, so, als sei ihre Welt in der Ordnung?

In der Frage liegt auch immer schon die Antwort!

Und ich sinniere ins Leere, hänge rückwärtsgerichteten Gedanken nach, denke an die Mutter und schaue auf ihn, der so vom Leben lassend vor mir liegt:

Schwerkrank - dem Tod geweiht -
Und nun?
Nachdenken über Sichtweisen
Seit langem wieder
Wer waren, wer sind, wer werden wir jemals sein
Es bleibt also noch etwas Zeit zum
Überdenken des eigenen Lebens
Zeit, nicht mehr viel Zeit bleibt
Niemandem verbleibt viel Zeit
Niemandem
Nur Hinwendung sollte sein
Dankbarkeit sollte sein
Und Liebe

Und so stehe ich hier schon seit der Abenddämmerung. Der volle Mond steht hoch am mitternächtlichen Himmel und ich halte und streichele, trotz meiner großen Furcht vor dem Kommenden, die Hand. Ich umarme diese kleingewordene, weißhaarige Person, diesen Menschen, mit dem mich nicht nur die Zeugung verbindet, sondern auch mein Wachsen und mein Werden und bald auch sein Davongehen auf den Weg der lichten Dunkelheit. Auf den Weg, den alle gehen, später oder früher, zur Zeit oder zur Unzeit -
WER lenkt den Sonnenwagen des Lebens?
„Hab' eine gute Reise, Vater!"
"Wir sehen uns in der Anderswelt"

Und so stehe ich und hoffe und hoffe und hoffe.
Worauf? Ja, worauf?
Und auch in dieser Frage liegt immer schon die Antwort.
Ich hoffe schlußendlich auch auf mich selbst.

Lange,
bevor wir sind,
ist sie.
Gestern - Heute - Morgen!

Und zu Jedem von uns,
zu Jedem, spricht sie
- einmal -
ein scharfes oder ein gütiges Wort.

Lange,
nachdem wir sind,
ist sie.
Gestern -Heute - Morgen!

Die Gottheit, welche das Leben gibt und auch den Tod.

....

Es verstärkt sich von mal zu mal das Gefühl, daß, wenn ich schreibe, ich mich immer weiter öffne: ich mich gleichsam nackt und ohne jeden Schutz in meinem Verstecke zeige, in welches ich mich hier im convent hatte zurückgekrochen vor der Welt. Und je mehr ich von mir und über mich in oftmals verschlüsselten Formen schreibe und träume, je weiter wage ich mich vor in die Helle des Lichtes, zerre am Riegel der brüchig gewordenen Tür, vor die ich mich aber aus lauter Angst nicht hinauswage.

An manchen Tagen, so wie heute, krieche ich auf die Schwelle der Klause zu und rufe, daß man mich wie ein Kind in die Arme nehme und tröste. Aber niemand ist da, der mich hören kann. Nur das Pergament nimmt freundlich mein Rufen auf und hält alles fest, was ich diesem anvertraue. Damit mir leichter wird um die Brust.

Diese Tage! Sie kommen unverhofft wie ein plötzlicher Sturm! Sie sind ungerufen da! Die Stunden schleppen sich hin und wollen nicht enden. Die

Gedanken rinnen in sich zusammen und bemühen sich, Klarheit zu schaffen über das auslösende Moment und kreisen dann doch wieder in sich zurück. Schlechte Nachrichten aus den Landen drücken auf die Seele. Sie machen, da sie gnadenlos fast endgültig Verdrängtes wieder in das Licht des Tages ziehen, nicht nur einfach traurig und ängstlich. Nein! Sie lähmen den Willen, schränken jede Handlung ein, lassen hineinfallen in ein Loch aus dunklem Grauen und blanker Angst. Und nur weil ich lange genug in mir nachgefragt habe, finde ich schließlich auch die eigene Schuld, die erwachsen ist aus Unkenntnis, Tatendrang und Treugläubigkeit vor Jahren auf meiner Wanderung durch die Welt. Denn auf irgendeine Weise hat man immer Anteil an den Dingen und Geschehnissen, deren Zeuge, Erzeuger und letztendlich Leidtragender man geworden ist.

Rauch breitet sich vom Grunde meines Denkens aus wie blasser Nebel, beginnt zu steigen, steigt und steigt und zugleich verdüstert sich der Raum, obgleich draußen vor dem Haus einer der letzten wunderschön sonnigwarmen Herbstage zum Abend wird. Aber das Licht wird zurückgedrängt von der Schwärze, die sich unaufhaltsam ausbreitet wie zäher Schlamm, der mir alsbald um den Hals schwappt, um mir endlich über die Augen zu steigen. Und dann kommt mir der Gedanke, das Unbewältigte zu bewältigen mit dem Krüglein, dessen Inhalt Vergessen verspricht; Gutes und Glück, Kraft und Liebe, Hoffnung und süßen Traum verspricht, aber letztendlich auch viel, viel Böses schenkt: Versteinerung und Sturz in bodenlose Abgründe, in denen alle Sehnsüchte zu gefrorener Angst erstarren und sich auflösen in der Leere der Bewegungslosigkeit, des Unhörbaren und des Wesenlosen, des Nichts....

Nur meine unerschütterliche Heiterkeit bewahrte mich bisher davor, mich diesen dunklen Aussichten hinzugeben, den Verlockungen nach solcher Stille zu folgen, diesem Rufen mein Ohr zu schenken. Auch die neu entdeckte Möglichkeit, meine Stimmungen aufzuschreiben, bewahrte mich vor dem endlosen Fall in die Dunkelheit. Und das Denken an meine Kinder, so erwachsen sie auch schon sein mögen, hält mich hier fest im Leben und auch die Hoffnung, daß meine Unsicherheit vergehen werde, wenn ich es nur lange genug aushalte in mir selbst. Denn solange einer etwas tut, hat er auch Hoffnung, daß die Tage sich bessern.

Manchmal, wenn mir so elend geworden ist und auch die Gebete nicht mehr helfen wollen, dann gehe ich durch den Garten des großen Friedens, vorbei an Steinen und Rhododendren, vorbei an gepflegten kleinen Plätzen, die umrahmt sind von Eiben, deren rote Früchte sich leuchtend vom dunklen Grün abheben. Und ich setze mich an den Rand eines der Vierecke und rede hinein in die weit entfernte Heimat meiner Ahnen:

"Schau nur, Mutter. Ich bin wieder zu Dir gekommen. So, wie ich immer zu Dir kam, wenn es mir einmal nicht gut ging."

Meinen 'Augenstein' in den Händen, sitze ich da. Mich stören nicht die anderen Brüder, welche vorbeigehen in ihrer *contemplatio* und mich sitzen sehen und mich mich unterhalten hören mit meiner Mutter.

Wir beide erzählen uns vom Gestern und vom Heute und auch vom Morgen; wie es uns beiden geht und was es noch alles Schönes gibt, was man erleben kann oder auch nicht, weil man justament an einem anderen Orte ist, als da, wo etwas passiert.

So vergeht die Zeit, wie sie mir als Kind in ihren Armen vergangen ist. So schnell, wie ein Vogel vorbeihuscht, verstreichen die Momente im stillen Zwiegespräch; und wenn ich die Augen schließe, sehen wir uns beide sich an und wir freuen uns aneinander. Ich bin bald so alt wie sie, ich habe auch schon ihr graues Haar und habe sicherlich auch ihre empfindsame Seele, die zuviel aufnimmt von dem, was sie vielleicht gar aufnehmen dürfte und was sie doch verkraften will.

Als ich dann im Gespräch in den Park hinausblicke, ist es kein trüber, nebelverhangener Hain mehr, sondern eine lichtüberflutete Landschaft mit Buschwerk, Hügeln und kleinen Wäldern, hinter denen sich bis in den Horizont blaue, lichte Fernen wunderlich auftun. Und während ich hineinschaue in diese Landschaft, verdreht sich die Zeit, gerät durcheinander. Ereignisse, die lange schon zurückliegen, geschehen momentan. Das Folgende verläuft vor dem Früheren und ich begegne mir oftmals sich selbst. Es gibt kein Vorher und kein Nachher, sondern nur ein Zugleich in diesem Träumen:

Später kann ich nicht sagen, was ich in diesem Traum alles hatte hören können, sehen können und fühlen und ich weiß nur noch, daß hierin alles enthalten war, was mein Leben bisher füllte. Geschehnisse, die ich wieder erinnerte und auch solche, von denen ich noch nichts ahnen konnte.

...sehe mich als kind am bache die angel auswerfen und meine erste forelle fangen, sehe mich mit anderen auf die jungen mädchen schielen und mir gedanken machen, wie das wohl sei mit der liebe und einer liebsten und wann denn das wohl käme für mich und wie es dann wohl sein würde, sehe mein erstes treffen am strande der wogenden see unter dem irischen lande und wie auch dieses wieder in vergessenheit geraten ist; sehe mich als junger barde für die menschen

singen und spielen und tanzen und ich sehe auch die zeit
meiner großen verliebtheit, die überging in eine frohe zeit
der zwei-samkeit, aus der dann die fröhliche zeit der drei-
und vier-samkeit wurde, und aus welcher viel später,
nachdem die kälte des lebens durch die herzen zog, auch die
ein-samkeit geworden war; ich sehe meine mutter
vorausgehen auf den breiten, lichten weg allen nichtmehrseins; sehe den vater länger in der zeit bleiben; sehe mich
meinen geschwistern entfremden und wieder nähern, sehe
freunde und kampfgefährten kommen und gehen, wobei nur
die wenigen, die treuen, ich mir heute noch zur seite stehen
lassen und mit denen ich gemeinsamkeiten haben will, falls
ich sie wieder einmal irgendwo treffe; und auch die
sehnsucht nach einem menschen fühle ich, der wie ich auf
der suche nach sich selbst und nach einem anderem ist; all
diese sehnsucht sehe ich im geflecht des lichtes, ich höre das
brausen der zeit, das raunen der winde, höre das schaukeln
der wolken und sehe andere menschen glücklich ihrer wege
gehen oder auch, versunken in ihrem schmerz, anderen
ausweichen; und ich sehe mich hart werden gegen mich
selbst und manchmal auch gegen andere; manches was ich in
die ordnung bringen wollte, sah ich mich in unordnung
bringen, und ich schämte mich einiger meiner taten und auf
andere bin ich stolz, denn einmal getan, einmal den dingen
einen anderen verlauf durch handlung gegeben, kann ich
diese nicht mehr rückgängig machen, nie mehr rückgängig
machen im trichter der zeit, die nur vorwärts sich zählen
läßt und die das morgen zum 'fast heute' und das heute 'fast
immer schon zum gestern' macht und so die folgen meiner
taten, für alle, die es sehen wollen und können, bis in alle
ewigkeiten sichtbar bleiben; aber wenn sich aus diesen taten
und irrwegen neue ordnungen fügen..,

so ist das nicht mein Verdienst. Die dicken Blätter der
Rhododendren reiben schwer aneinander und singen
ein dunkles Lied in den heraufziehenden Abend

...und ich sehe mich auf menschen zugehen, freunde, kampfgefährten im glauben und im fechten, wie ich damals glaubte, die mich mitrissen in ihrem elan, ihrer kraft und ihrem mut zum risiko, damit ich mich ihnen anschlösse, gutes zu tun und auch daran geldlich teilzuhaben, schätze und ländereien und auch seelen zu gewinnen, sah mich schwüre und verträge leisten und schaffen mit voller kraft, nicht nur tagsüber im auftrage des landesherrn, auch darüber hinaus an der fertigstellung des vorhabens; zog vor 9 jahren mit dem heere des Carolus Magnus die heidnischen stämme dem HERRN zuzuführen, sehe mich darüber, gerade weil ich für sie schaffen wollte, die angehörigen vergessen, ich höre nicht auf die ratschläge und warnungen wahrer, besserer freunde, finde mich an hoftagen vor richtern und anwälten mal als beschuldigter, mal als kläger wieder, erreiche die titel, aber keine mittel werden frei, da die schuldner verschwanden und die machtverhältnisse änderten sich hier und in ROM und anderswo, fürstentümer und ganze reiche gingen unter, päpste stritten sich um die rechtmäßige nachfolge von petrus, dem fels, auf dem der HERR Jesus seine kirche bauen wollte (obwohl diese stelle niemals so in den evangelien gestanden ist), all das geschieht, ohne daß ich kenntniss davon hatte und so liegt mir meine last jahrelang schon auf meinen gedanken, wenn ich aufwache, wenn ich tätig bin, wenn ich schlafe, wenn ich gesinnungsgenossen treffe und den weibern beiwohne, und ich wehrte mich auch aus diesem grunde gegen die sehnsucht nach einer liebe, weil diese unabgetragende last alles in mir blockierte; ich sehe mich meine eigenen einsamen wege gehen und zu einem hagestolz werden, der die menge sucht, um sie dann sofort wieder zu fliehen; der die schönheiten der welt für sich und nur für sich allein wieder zu entdecken beginnt; und aus diesem entdecken sehe ich mich die kraft wieder schöpfen, die ich brauche, um mich wieder ins leben zu stellen; ich sehe mich auch meinem traume von einer liebe nähern, sehe mich einige zeit gemeinsam frohe stunden verbringen, um dann wieder auf

die suche nach der 'märchenprinzessin' und nach dem großen glück zu gehen, wie parceval auf seinen aventiuren; ich begreife, daß nämlich das fordern und nehmen in der liebe nur eine seite der schönen medaille sein kann, wobei das geben die seite mit der entscheidenden prägung darstellt, denn wenn ich nur nehme, habe ich ja nichts zugeben, aber wenn ich gebe, so erneuert das geben die quelle der liebe, und ich bin mit mir ein wenig ins reine gekommen, und daß ich meine trennung von all den lieben so lange nicht verwunden habe, ist wenigstens mir der beweis, daß ich nicht leichtfertige, schlechte liebe zu suchen begann, als die gute liebe nicht mehr zu haben war; das leben wird eine berg- und talfahrt, schöne und unschöne tage streifen mich und weniges scheint mich in dieser zeit zu berühren; und immer ziehe ich einsam durch das land und durch mein leben, die schönheiten, die ich genieße, sind nicht mitteilbar an jemandem, doch gerade darum schreite ich tag um tag wieder aus, tiefer hinein in das so unendlich viel an überraschung habende leben; ich bemerke eine seltsame alchemie, ich bemerke, wie der schmerz sich in eine gnade verwandelt, wenn ich ihn nur lange genug erdulde; weil, so stelle ich unerwartet fest: immer wenn ich ihm davonlaufen will, so kommt dieser hinterdrein, wenn ich diesen nur lange genug erdulde, so beginnt der nachzulassen; als ich mich sich ihm stelle, kann ich schließlich meinen waffenstillstand mit ihm schließen, nicht unter den freundschaftlichsten bedingungen zwar, aber so doch einen waffenstillstand - eine waffenruhe; und nun lebe ich jeden tag als eine kleine folge von rebellionen gegen mich selbst und gegen das sein und gegen die angst vor dem tod und ich erlebe die kleinen sporadischen siege der hoffnung auf das kommende; aber als ich diese hoffnung auf das pralle leben tief aus mir heraufkeimen fühle, da recke ich mich lächelnd in den warmen sonnenschein des fortschreitenden abends und setze mich, müde geworden vom gehen, auf eine bank ....

112

...und findet mich, den Kopf in die Hand gestützt, im Garten der steinernen und hölzernen Kreuze, im Friedhofsgarten des Klosters wieder.
Und meine Eltern lächeln mir aus tiefer Ferne zu: „Du alter dummer Junge, Du. Komm nicht zu oft hierher, damit wir drei nicht vor Deiner Zeit wieder zusammen sind! Du wirst noch gebraucht und Du kommst auch wieder über den Berg. Jetzt fängt doch alles erst richtig an. Was Du bisher erfahren konntest, war doch nur der Anfang, war doch nur eine Vorahnung vom Allem und längst noch nicht alles vom schönen Leben."
Diese Worte klingen nach in meinem Kopf und ich gehe langsamen Schrittes den Weg zu meiner Zelle zurück. In mir die Hoffnung, wieder aus der Erstarrung herauszufinden. Soll ich doch wieder der werden können, der ich einmal gewesen bin!

Und am Schreibpulte sagte ich dies alles auf das bleiche Leder, welches ich irgendwann einmal wieder lesen werde, damit ich mich erinnere, was ich früher so getan; daß ich mich erkenne und mich vielleicht annähme mit all meinen Schwächen, Fehlern und auch Irrtümern. Es tat mir gut, es herausgeschrieben zu haben und ich hätte es auch keinem Menschen erzählen wollen. Ich weiß nun, daß ich mich nie wieder mehr ganz verloren fühlen werde, daß ich mich wiedergefunden habe...
..und weiter will ich heute auch gar nicht denken!

Aber morgen werde ich meine Sandalen binden, werde meine Kutte schürzen, mich auf den Weg machen hoch zur Salzzeche auf dem Dürrnberg. Auf den Weg also.

So seltsam still ist der Wald.
Wo zum Frühlingsausgang vielstimmiges Pfeifen, Keckern, Zwitschern, frohes Tirilieren war; wo das

Werben um den Partner zur Fortsetzung der Schöpfung fast zu einem Lärm sich erhob, da ist nun besinnliche Ruhe eingekehrt.

Hochstehendes Gras säumt den Pfad und dieser schlängelt sich durch Buchenwald und später durch kleinen und dann auch hohen Tann. Hin und wieder, gerade auf der offenen Schonung, schiebt sich ein warmer Luftstrom durch die Gasse aus kleinen Fichten und Birkenwildwuchs. Die herzigen Blätter färben sich schon ein. Brombeeren hängen schwarz in den stacheligen Ranken und sie schmecken in einer reifen Süße.

Blau, rot, gelb; vielfarbig leuchten die leicht schon welkenden Blüten der Blumen, die ballrund violetten der Klette. Auch das Johanniskraut ist am Verblühen, und wenn der Wind geht, dann raschelt es mit schon trockenem Klang. Auf den Distelblüten sucht eine Hummel nach dem Nektar, der immer spärlicher zu finden ist.

Und über den Wipfeln treibt der Endsommersturm Wolkenfetzen in einen schelmisch wartenden Herbst hinein, in die spätsommerliche Ferne. Fort.

Leises Bedauern liegt in der Luft. Ferner schon liegen die glühendheißen Tage mit ihren dumpf-lauen Nächten, in denen unter glitzerndem Sternendach das Hoffen und das Lieben seine Höhepunkte fand oder ungestillt in sich wieder verging - in dem Glauben und Hoffen auf ein nächstes Jahr.

vorbei langsam das schweben und das gleiten der träume am tage der jahrhundert - finsternis, als die mondgöttin das strahlen der sonne für kurze zeit in sich einfing. vorbei das gleiten und das schweben auf den bahnen der sternenströme, die in den nächten danach ihre schmauchenden spuren zwischen der kassiopeia und dem großen wagen an das

114

firmament zeichneten. jedes aufleuchten ein wunsch und der himmel war voll davon.

Breit öffnet sich der Weg, quert steinige Feldstraßen, hebt und senkt sich wie die atmende Brust, dem Gelände folgend. Bis ich in der Höhe einer Bauernhütte entgegenstrebe. Im Hag auf der Seite stehen Wacholderbüsche, zwischen deren stacheligen Zweigen tiefblau die Beeren auf den Pflücker warten. Der sich aber dabei, wie so oft im Leben, die Hände zersticht. Aber was macht das schon?! Den Weg hinauf begleiten leuchtend und glimmernd die Strahlenköpfe der Silberdisteln. Sie schimmern durch das vertrocknende Gras wie Sterne. Hier, auf kreidigem Fels wachsen sie jahrein und jahraus und säumen den mühsamen Weg nach oben.

Oben stehen einladend eine bemooste Bank unter breiten Buchenwipfeln, ein Tischbrett im Schatten, Tonkrüge darauf und eine abgearbeitete aber freundliche Kätnerin trägt mir freundlich einen Becher Milch daher. Dank und Vergelte es GOTT.

Sitzen und denken und schauen. Freuen.

Es ist eine erquickende Ruhe hier. Hier ist gut sein für Rast und innere Einkehr.

vorüber strömt die zeit und füllt sich mit gedanken über die schönheit und die vielheit des schönen, füllt sich mit nichtigem und wichtigem, mit luftigkeit und schwere. und in dieses träge denken hinein dringt der vielleicht letzte ruf eines vogels von weit her an das ohr und wie ein echo klingt es, als ihm, auch vielleicht ein letztesmal, aus der ferne geantwortet wird.

So verfliegen die Minuten im Wiegen der Wolken, im Zittern der Zweige und im Wehen der Winde.

Die Sonne treibt hin und wieder ihr glitzerndes Spiel im Laub. Sie wirft Schattenrisse über den Boden und die Wände, über die Köpfe und die Hände auch.
Dann weht ein Hauch von Ferne herbei und das Rufen tief drinnen hebt wieder an. Die Unruhe bewegt die Füße wieder. Wieder kühler weht der Wind. Windsbraut fällt durch die Büsche ein. Ein Frösteln kommt auf. Auf den Weg also. Also weiter in das Land hinaus.

Salt. Hal. Salz. Das Salz war die Handelsware der Region seit undenkbaren Zeiten. Hier in Hallein und dort in Hallstatt am See. Salz. Das rote Steingold, was meine Ahnen hier schon vor 1000 Jahren abgebaut haben und welches den Reichtum auch der Salzburger Bischöfe in hunderten von Jahren nicht versiegen lässt.
Nach der Messe in der Dürrnberger Kapelle werde ich mich dann, wie immer, auf einen der Hügel am Hang setzen und offenen Sinnes und geweiteten Auges über die in der Mittagssonne liegenden Bergketten schauen. Schauen über diese hinweg bis zum großen tiefen See, oberhalb welchem ein noch viel, viel älteres Bergwerk betrieben wird. Dort oben auf dem Berge über dem See treffe ich dann ganz bestimmt im Dahinschauen in die Vergangenheit meinen Freund Ian den Schmied. Und ich höre ihn schon wieder mit seiner lauten Stimme poltern.....

„...verdammt kalt heute in dieser verqualmten Hütte. Der Wind schiebt den Rauch durch die Esse wieder hinunter und mir tränen die Augen, was das Zeug hält. Sieht ja fast so aus, als würde ich flennen. Wo gibt es denn so was? Ich und flennen. Ich, Ian der Schmied und flennen? Ha! Wann habe ich denn das letzte Mal geflennt? Muß schon eine ganze Weile her sein. Ja! Ich weiß es wieder. Es war als

meine jüngste Tochter geboren wurde. Ich hielt das kleine
und runzelige Wesen auf dem Arm, nachdem seine Mutter
es mir anvertraute, damit ich seinen Wahr-Namen dem
neuen Menschlein in das süße, rosa Öhrchen flüstern sollte.
Ja,ja! Da habe ich geflennt und das kleine Ding auf meinen
Armen gehalten, so, als ob es eine Göttinnenfigur aus dem
so kostbaren Glas sei – zerbrechlich, durchscheinend,
hauchzart, wie die Nebel, welche morgens über dem Tale
liegen, über welches wir von hier oben herunterschauen
können.
Ja! Da habe ich zum letzten Male geflennt. Vor Glück! Und
das Herz war mir aufgegangen, als ich die Freude meines
Alters auf den Armen wiegen konnte und ich habe mich zu
meinem kostbaren Weibe hinuntergebeugt und es geküßt
wie lange nicht im Leben, so daß sie ganz erstaunt mit den
Augen rollte und atemlos flüsterte: `Hej, Du Großer, mir
bleibt die Luft weg, Du alter Unhold!` Und dann haben
wir beide unter Tränen gelacht und ich gab ein Fest mit
Fressen, Saufen und Knochen hinter uns werfen, das es eine
Art war.
Nun ist das schon ein paar Jahre her und die Kinder haben
selbst schon wieder kleine süße Racker, die auch schon nach
den jungen Männern und den jungen Weibern schielen
und - verdammt noch einmal - dabei das Arbeiten
vergessen!
„Demotix, hej, Demotix, du sollst den Blasebalg ziehen! Ich
brauche die Glut im Eisen und nicht die Glut in deinen
Augen. Dem Mädel verbrennt ja der Rock am Hintern, so
wie du da hin schaust!
Und dann nimmst Du den Draht. Hinten in der Ecke liegt
er. Ja, dort hinten unter dem kleinen Amboß. Den wirst Du
aufbiegen und in Stücke schneiden – soooo lang. Schau her,
du Träumer, soooo lang und kein Stück kürzer oder länger!
Morgen werden wir beide dann neue Gewandfibeln machen,
denn du weißt ja, der Römer kommt zum Vollmond und bis
dahin sind es nur noch zwei Hände voll Nächte.“

Na ja, so rechte Lust hat das Jüngelchen nicht, wie ich sehe, aber dennoch: das Zeug muß fertig werden bis dahin, denn der Römer ist seit Jahren spitz auf meine Gewandfibeln. Stimmt schon, stolz bin ich auf diese, meine Machart, denn sie findet Anklang sogar weit hinter den Alpen, auf der Seite, wo die Sonne wärmer scheint als hier und wo die kunstfertigen Etrusker vor vielen Jahren die Römer das Leben gelehrt haben in seiner Fülle und Großartigkeit. Und weil dem Händler meine Fibeln mit ihren Spiralen so gut gefallen, kommt er jedes Jahr zu unserer Siedlung hoch oben auf dem Berg über dem See. Na ja, Salz kauft er auch in Mengen, denn das ist unser größter Schatz.

Jetzt reicht es mir aber! Raus aus diesem verqualmten Loch, raus an die frische Luft und erst mal eine Pfeife angesteckt, damit man wieder richtig atmen kann!

Her mit dem Krug Honigbier und dem Lindenblatt, das ich in die Pfeife krümele, und mich auf den alten Baumstamm gesetzt. Ja, ja, die alten Knochen! Aber die Augen und die Arme sind noch gut in Schuß. Hei, was kann ich noch stundenlang den Amboß traktieren, die Bronze und das neuerliche Eisen mit voller Kraft behämmern, wobei das Eisen wiederum eine ganz neue Glutfülle und eine eigenartige Schlagweise verlangt. Es ist zäher und braucht mehr und eine andere Hitze, damit es weich und weicher zum Schmieden wird.

Dafür ist es später härter als alles andere, was ich bisher im Leben unter den Hammer bekam. Und was mache ich für schöne Sachen und was bin ich stolz auf sie. Pfeilspitzen. Pflugschare, die viel, viel länger halten und gerade bleiben, auch wenn sie mal einen Stein herausschälen aus der Erde. Beschläge für die Räder, damit diese über viele Tageszüge halten und Radnaben dazu und für die Pferde Trensen und Schmuckplatten und für die Krieger Helme und Schildbuckel und Schildränder und Schwerter, spitz und schaaarf wie nie zuvor.

118

Die Pfeilspitzen brauchen wir vor allem für die Jagd, denn in Kriegszeiten wenden wir diese doch so feige Kampftechnik nicht gerne an. Der Kampf Mann gegen Mann, Kraft gegen Kraft, Mut gegen Mut, Geschick gegen Geschick – unsere Göttinnen und Götter entscheiden den Sieg!

Und die später so gescholtene und verurteilte Angewohnheit, dem besiegten Feind den Kopf abzuschlagen und diesen aufzubewahren an Hauspfeilern und in Truhen, hat ihren Grund in unserem Glauben an den Sitz der Stärke, des Mutes und des Willens im Kopf eines Jeden. Und wenn der Krieger den Kopf des im offenen Kampf besiegten Feindes mit sich nimmt, dann überträgt sich auch dessen Kraft, Mut, Geschick und Willensstärke auf den Sieger. In unseren Augen ehren wir den im achtbaren Kampf gefallenen, besiegten Gegner und das ist doch viel besser als das Hinmetzeln aus der Ferne, bei welchem der tote Feind keine Ehrung erfährt, sondern nur zum Fraß der Krähen und Wölfe und Maden wird.

Achtung und Ehre für den und vor dem Gegner – er ist ein Mensch und ein Geschöpf der Himmel wie Du und ich. Darum weiß jeder: meine Pfeile sind nur für die Jagd bestimmt, auch wenn das altbacken klingt. Ich kann ruhig mit solcher Meinung leben.

Wenn sich in der Zukunft mal hier und mal dort ein einzelner männlicher oder auch ein weiblicher Kopf auffinden wird, dann ist dieser sicherlich auf einem verehrungswürdigen Platz unserer Götteranrufung abgelegt worden. Damit seine oder ihre zu Lebzeiten ausstrahlende Kraft und Magie dorthin übertragen wird, diesen Platz heiligt. Denn nicht nur die Köpfe der Krieger sondern auch die der weisen Männer und auch die Köpfe der weisen Frauen weihen diese Orte des Überganges zur Anderswelt durch das Einlegen des Kopfes in die Große Mutter Erde. Vor allem, wenn sie Seher oder Druidinnen waren.

Doch den Hauptanteil meiner Arbeit hier oben ist das Fertigen von Gerätschaften, welche meine Brüder und Gefährten für ihre harte Arbeit unten im Berg brauchen. Hammerköpfe aller Art, Meißel, Dorne aller Größen, Stirnreifen als Halterung für die Fackeln aus Tannen- und Fichtenspänen, Metallösen für die Lederriemen, Haken für die Halteseile, Nägel für das Zimmern der Leitern und Streben. Auch mal was aus Holz. Und jeden Tag wiederum das Spitz- und Scharfmachen der im Salz und im Stein stumpfgewordenen Werkzeuge. Und dazu noch das Beschaffen der Holzkohle in genügender Menge und das Beschaffen des Eisensteines, der dann noch ausge-schmolzen werden muß in einem besonderen Ofen, der dort hinter mir am Hang aufgestellt ist.

Aber wenn diese Arbeit mir Zeit läßt und ich nicht gerade auf dem alten Baumstamm vor meiner Schmiede sitze und von hoch oben über den See da unten schaue und vor mich hinträume, dann mache ich am liebsten aus dem Eisen Schmuckstücke für Männlein und Weiblein. In einen langen, Felsblock ritzte ich vor Jahren mehrere lange, gerade Rillen, halbkinderfingerflach. Dahinein wird das flüssige Eisen gegossen und dann die obere Fläche vorsichtig abgerieben, sodaß ein langes Gebilde von der Stärke eines ganz dünnen Zweiges entsteht. Für diese Kunst bin ich im ganzen Lande bekannt geworden. Und aus diesem Draht fertige ich den feinsten Schmuck an, vor allem diese Fibeln, welche die Gewänder zusammenzwicken. Und weil ich in der Ferne unterhalb vom Gamsberg einen Felsen gesehen habe, aus dem solch komische Steine herausfallen, die an der Bruchstelle sich so ringeln, dachte ich mir, wenn's der Stein kann, dann kann ich das auch mit dem Draht.

Und so probierte ich heimlich – (ich schmiß die Lehrlinge aus der Schmiede und schickte sie zum Würfeln und Saufen fort, und sie folgten endlich einmal ohne zu Murren) – wie ich den Draht von innen nach außen um den Mittelpunkt herum umeinander wickeln mußte. War das eine

Scheißarbeit! Ein Glück, daß die Jungens nicht dabei waren. Der Alte pfriemelt und pfuscht und schimpft und schnauzt sich selber an und schmeißt den Hammer und das Zeug zigmal weit von sich! Aber mich hatte der Ehrgeiz gepackt – ich wollte es wissen – ich wollte DAS können und nach vielen Versuchen konnte ich es dann wirklich. Und dieses Geheimnis, dieses Geheimnis der Fertigung von Spiralfibeln, das kenne in weitem Umkreise nur ich.

Ja, und heutzutage kommt der römische Händler zu mir und ich kann diese Dinger weit in der Welt von mir reden lassen. Aber was brummele ich hier vor mich hin?

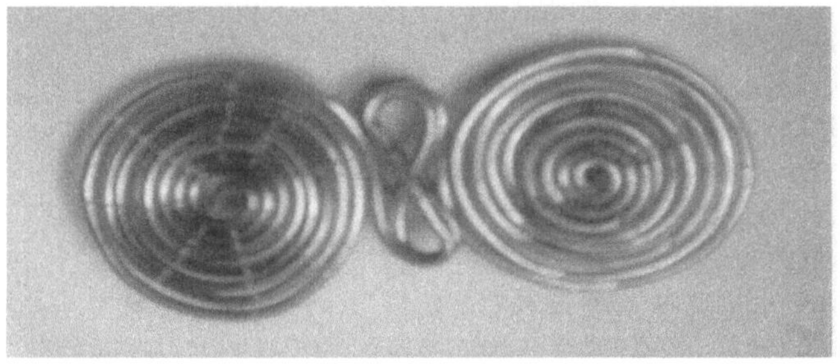

Unten auf dem See treiben einige Kähne herbei. Kommen sicher aus dem Norden. Klein schauen sie aus von hier oben.

Ja, wir hausen hier oben, weit oben über dem See. Nicht, weil wir die Höhenluft so mögen, das kommt erst Jahrtausende später. Wir hausen hier oben, weil auf diesem Platze das kostbare Salz schier von selbst aus dem Boden springt. Wo es nicht sichtbar ist, haben wir mit Holz und Feuer und Meißel und Hammer immer tiefere Löcher in den Berg geschlagen, haben den Lauf der Salzadern verfolgt und es an das Licht des Tages gebracht in Kiepen aus Fell und geflochtenem Weidenholz, haben unten im Dunkel die Kienspäne angezündet und liegend uns vorgearbeitet, mühsam, fast ohne Atemluft. So Handspanne um Handspanne uns vorgearbeitet, das Felsgestein und das

salzige Gestein gesammelt und oben am Hang getrennt und
aufbewahrt.

Ja, das Salz. Es ist den Fremden kostbarer als Gold. Sie
begleichen und tauschen unser Salz gegen Gold und sie
kommen von weit, weit her, um es zu erwerben. Einige
gehen mühselig mit Eseln und Trägern über die großen
Berge, deren Klüfte und Kare sie mittlerweile kennengelernt
haben nach vielen Verlusten durch Eiswind und Eisregen
und Schnee und Abstürzen in die Tiefe. Aber sie kommen
immer wieder. Sogar von Marsillia an dem blauen Meer in
der unendlichen Ferne, aus dem italischen Rom, wie ich
schon erwähnte; aus der Nähe des thyrenischen Meeres,
dem adriatischen Meer, aus dem Lande der Daker und der
Griechen und aus dem Westen und aus dem Norden
kommen sie auch.

Na ja, der Norden. Eines Tages wird er uns Schwierigkeiten
bereiten. Aber bis dahin fließen noch viele Regentropfen in
den (später so genannten `Hallstätter`) See.

Einigemale hat der Berg sich auch gewehrt gegen unser
Eindringen und unser Aushöhlen, hat gerummpelt und
gegrollt, sich kurz geschüttelt und immer sind einige von
uns unten geblieben auf immer und gingen von dort in die
Andere Welt. Denen haben wir oben am Hang auch
Grabhügel bei den vielen anderen angelegt, mit einigem
Werkzeug und einiger Verpflegung für den weiten Weg
dorthin. Bald werde wohl auch ich auf diese Reise gehen
müssen. Es ist schon ein Kreuz mit dem Kreuz und auch das
Stehen am Schmiedefeuer fällt mir schwerer. Zwar klingt
der Hammer noch so wie früher auf dem Amboßstein – doch
wie lange noch kann ich die Hämmer schwingen, die Zangen
so halten wie gewohnt und das Eisen so ruhig gießen wie vor
Jahren? Das Kauen fällt auch immer schwerer, denn meine
Zähne, auf die ich immer so stolz war, die weiß leuchteten
aus meinem vom Essenrauch geschwärzten Gesicht, die
Zähne sind stumpf geworden vom Brot. Ja, wer hätte je
gedacht, daß der feine Staub vom Stein der Handmühle sich

immer mit dem Mehl und dem Teig hat mitbacken lassen? Oftmals knirschte es beim Kauen ganz schön laut, autsch! immer war der Steinabrieb mit im Mund. Und so nach und nach in den Jahren rieben sich auch die Beißerchen `runter bis auf den Grund und andere wollten nicht mehr bleiben und verabschiedeten sich unter Schmerzen. Aber wozu bin ich Schmied und wozu habe ich Zangen? Einige stellte ich so fein her, daß sogar andere Leute mit ihren dicken Backen zu mir kamen und wir gemeinsam uns die Angst und die Schmerzen runtersoffen und unter dem Met-Rausche die Quälgeister aus ihrer Höhle rissen. So wird der Schmied zum Heiler und über solche Tätigkeiten wurde auch meine Tochter zur Heilerin, mit ihren Kräutern und Pilzen und Moosen und Salben aus Asche, Milch und Fett.

So ist es halt im Leben! Kannst du das Eine, so folgt unweigerlich das Andere und das wiederum Andere, du lernst dazu, wendest es erst mal zögerlich an – es gelingt und du wendest es wiederum an und es gelingt wieder und du freust dich über den erfolg, es spricht sich herum, die leute machen noch was dazu, erzählen sich wer weiß wie schlecht es ihnen ging und wie gut hinterher nach deiner behandlung – und schon hast du den Ruf eines Heilers. Aber dann! Wenn du den Ruf dann erst mal hast, dann hast du auch keine Ruhe mehr, dann kommen sie, tags und auch nachts, ohne Rücksicht darauf, was du schmieden mußt oder was gerade im Rat der Sippe anliegt. Dann saugen sie dich auf und saugen dich aus, dann wollen sie, Wildfremde und Leute aus deiner Sippe, die dich sonst nicht einmal mit dem Arsch anschauen, dann wollen sie, daß du ihnen hilfst. Ist schon ein Last, wenn man mehr weiß und kann und doch ist es ein gutes Gefühl in der Brust, daß man helfen kann und auch hilft. Was soll`s! Später, viel, viel später irgendwann, werden solche Leute einmal heilig gesprochen. Ja was soll`s?

Manche kommen auch mit ihren geheimsten Problemen und schütten mir diese im Vertrauen vor die Füße und einigen kann ich helfen mit meinem Wissen und mit meiner

Erfahrung. Manchesmal nehme ich mir die Zeit zu sagen, Leute, in der Vor-Nacht zu samhein, unserem großen Fest zum Neubeginn des Jahres treffen wir uns bei mir in der Schmiede zu einem ernsten Gespräch über euere Probleme. Bringt Zeit mit und Langmut, denn es kann sein, daß ich Euch einige unangenehme Wahrheiten sage. Ich, Ian der Schmied. Der Druide kann dann zu Samhein manches wieder gerade biegen.

Was werde ich Euch zu sagen haben? Ich sage Euch etwas, das ihr selbst schon lange wißt, aber oftmals nur verdrängt habt in allen Zeiten, früher, vor unserer Zeit und später auch und da erst recht im Getreibe des Tages. Ich sage Euch dann eine ururalte Wahrheit und sage Euch dann:

Das Gestern und das Vorgestern und die Tage und Jahre zuvor, die sind vorbei, sind gelebtes Leben. Es ist unwiderruflich vorbei seiendes Leben und nur noch angesammelte Erfahrung.

Und nur jeder Tag ab heute zählt hinein in die unbekannt für jeden für uns dauernde Ewigkeit oder für die paar vielen schönen Tage, die uns noch auf dieser wunderbaren Erde beschieden sind.

Und da, allen unseren Göttinnen und Göttern sei es gedankt, niemand den Tag seines Fortgehens in die lichten Weiten kennt, sage ich euch allen: leben wir ab heute jeden unserer Tage, denn alles ist im Fließen.

Leben wir ab heute jede Stunde in vollem Bewußtsein der Verantwortung für uns und für ALLES. Denn nur aus unserem Wollen und Können entstehen die nachfolgenden Zeiten.

Und wenn wir traurig sind und uns verlassen fühlen, sollen wir nicht in einer tiefen ohnmächtigen Trauer über uns, über die Welt und in dem uns echt oder vermeintlich zugefügten Unrechte versinken. Nein, wir werden, wie viel viel später ein Baron von Münchhausen, uns selbst beim Schopfe fassen, uns auf unsere eigenen Stärken besinnen, uns auf den Weg machen und auch wirklich losgehen in Echtigkeit aus dem Sumpfe der Selbstbemitleidung heraus.

Schauen wir uns nackend an im Spiegel des Sees. Nackt. So wie wir sind, so sind wir! Falten hier und Fülle dort, aber immer sind nur wir das! Und nur mit diesem Menschen, der Uns aus den Wassern entgegen scheint, nur mit diesem Menschen müssen wir zusammenleben bis an das Ende Unserer Tage! Denn Jeder lebt mit sich allein zu allererst! Dann erst kommen die Anderen, um mit uns zu leben. Und wenn wir uns in unserer eigenen Haut nicht lieben können, uns nicht annehmen können, wie wollen wir dann verlangen, daß andere uns annehmen, uns lieben, mit uns leben können und wollen? Zuallererst leben wir nur mit uns alleine in unserer Haut – ganz alleine! Und das gilt es auszuhalten.

*Laßt uns unsere Stärken in uns suchen und seien diese noch so klein in unseren Augen. Laßt uns unser Können ausbauen, die wenigstens **eine** Stärke unseres Könnens, und sind wir stolz auf diese Errungenschaft. Denn Stolz macht selbstbewußt. Und dieser Stolz macht uns frei und es macht uns wieder begehrenswert, wenn dieses stolze Selbstbewußtsein aus unseren Augen strahlt und sich als Glanz über unseren Körper legt!*

So werde ich zu denjenigen sagen, die immer an sich zweifeln; denen, die verzweifelt sind am schweren Leben und an den Geschehnissen ihres Lebens, an denen sie mehr oder weniger Anteil hatten und deren Verursacher sie waren oder deren Leidtragende sie sein mußten.

Das werde ich ihnen sagen, dann, in der Vor-Nacht des samhein-Festes, zu dem unsere Altvorderen mit uns sich wieder einmal vermischen, an die wir dann ganz besonders denken, die wir ehren und mit einem tagelang anhaltenden Gelage alles Gute in ihrer Anderswelt wünschen. In welcher wir dann ebenso freudig nach unserem Fortgange von ihnen empfangen werden möchten! Ein wenig Eigennutz ist schon dabei zum Feste samhein!

Wir werden Schweinefleisch in Mengen essen, weil ja das Fleisch des Schweines Unsterblichkeit verleiht. Und wir werden uns am Wein und am Bier und am Met besaufen, weil wir dann in die Trunkenheit fallen, welche uns die Realität verlassen läßt, damit wir uns für das Übernatürliche öffnen, es erleben können. Denn die samhein-Nacht ist die Nacht der Begegnung zwischen uns Lebenden und unseren Toten. Die Hügel, in denen unsere Vorfahren, die Helden auch und die Götter wohnen, öffnen sich und beide Welten durchdringen sich. Viele Sonnenumläufe später, in einer fernen, fernen Zeit wird man es dann das halloween-fest nennen und dann wird eigentlich nur noch gealbert und gespukt. Na gut, so ändern sich die Zeiten, weil das Wissen um die Umstände heute und das Wissen um unseren Glauben und um unser Leben durch die Lawinen der Zeiten verschüttet worden sind.

Doch heute bin ich der Schmied oberhalb des Sees, kann über die Weite dieses Landes schauen, meine Pfeife schmauchen und mir immer noch so meine Gedanken machen; dann, wenn ich mir mal eine immer länger werdende Pause gönne. Und manchesmal möchte ich mich auf die Rauchkringel aus meiner Pfeife setzen und auf ihnen über den See und die Welt mich treiben lassen; so, wie es der große Adler tut, der weit hinter meiner Schmiede seinen Horst hat seit vielen Sonnenumläufen und dem ich zusehe voller Sehnsucht nach der Ferne.

Wie wird es wohl sein in diesen fremden Landen, aus denen meine Handelspartner kommen und von deren Schönheit und deren Größe sie so schwärmen, daß man sich fast vorkommt wie ein Hinterwäldler. Es wird wohl immer mein Traum bleiben, das Fliegen über dem See und über die Welt. Träume weiter Ian, träume weiter, mein Schmied.

Aber nun muß ich meinen Hintern vom kalten Stein hochheben, denn es ist für mich auch die Zeit gekommen, von der mein Vater immer sagte, daß ein kalter Arsch *fürchterlich jucken kann. Nur daß wir dagegen noch keine Kräutersalbe erfunden haben, denn sopa alleine hilft nicht. Ja, die Seife. Irgendwann einmal haben unsere holden Weiber so ein Zeug zusammengemischt aus Fett und Kalk und Kräutern und Asche, es in kleinen Förmchen an der Luft kalt werden lassen und wenn man sich mit Wasser und diesem dann schäumenden Zeug abwäscht, dann wird die Haut schneller wieder hell und sauber. Für mich war das natürlich ein gefundenes Fressen, weil ich doch immer so schwarz aus der Schmiede komme. Aber auch bis zu den feinen Römern hat sich das Zeug `rumgesprochen und die kaufen es von uns in Mengen für gute Denare und Sesterzen. Die brauchen das nicht nur für ihre pickfeinen Frauen, nein, sie brauchen die sopa vor allem für ihre große Streitmacht, welche das ganze Jahr über in den Garnisonen liegt, verteilt über alle die Lande, die mir nicht einmal vom Namen her bekannt sind. Tausende Mann auf einem Ort und umeinander. Damit waschen sich die Legionäre täglich, waschen den Dreck der Übungen und Märsche vom Leibe. Denn die Römer sind pfiffige Kerle. Sie haben sogar bemerkt, daß mit der Reinlichkeit durch unsere sopa auch mehr Gesundheit eingezogen ist in die Dezenien, in die Manipel, die Kohorten und in die Legionen. Denn einmal ein richtiger Anfall von Dünnschiß im Lager einer Legion, na dann Gute Nacht! Marius.*

So haben wir Kelten, ohne es recht zu wollen, durch unsere Anwesenheit und auch durch unsere Bedrohung und auch durch unsere Künste und Erfindungen viel zur späteren Stärke des römischen Weltreiches beigetragen. Es waren nicht nur unsere exportierten Schwerter, die gladii, es waren nicht nur das Kettenhemd, nicht nur der Kampfwagen, nein, es war auch die kleine unscheinbare graue Seife. Und wenn Plinius der Ältere sich später auch über dieses komische Gerät ausläßt, mit dem wir in Zeiten des Kornüberflusses in aller Schnelle die Ähren vom Stroh

*trennten und diese Ähren in einem Kasten aufsammelten;
wir waren schon toll drauf mit unseren Erfindungen.*

*Die drehbare Handmühle, die sich schnell drehende
Töpferscheibe, das Schmieden der Himmelssteine, auch die
Pflugschar aus Eisen, welche die Erde nicht nur einfach
aufkratzte wie der Hakenpflug, sondern umwendete und
den Mist der Tiere und den Düngekalk unterpflügte und
vieles andere mehr, was ich schon vergessen habe oder das
ich noch nicht wissen kann, weil es später nach mir
geschieht – all das kommt von uns auf die Nachwelt. Wir
sind schon ein einfallreiches Völkchen auf dieser Welt.*

*Nun genug der Angeberei. Ich muß wieder was tun. Die
Zeit drängt. Hoffentlich hat der Lümmel die Drähte
geschnitten, damit ich nun meine Spiralen und Fibeln fertig
machen kann. Also los, Alter! Heb die Hufe!*

*Ach ja, Hufeisen sind auch eine begehrte Ware. Sogar für
die zierlichen kleinen Eselsfüßchen stellt meine Schmiede
welche her. Denn der Esel, so grau wie er aussieht, so
geduldig, so stark und so trittfest ist er in unseren Bergen.
Ein idealer Begleiter und Träger von Gütern und Nahrung.
Was heißt hier, der Esel sei störrisch? Da müßt ihr mich
erst einmal kennenlernen! Schade: Die Zeit ist vorbei, daß
wir uns kennenlernen könnten. Lange schon vorbei.*

128

Na los, ran an den Amboß und an den Schraubstock. Hinein den Draht und umgeklopft und dann um seine Mitte geleiert. Einmal, zweimal, dreimal – siebenmal insgesamt. Dann von der anderen Seite her dasselbe. Mit dem Hammer leicht die Wellen rausgeklingelt, die Spannung etwas herausge-nommen – huch – fertig das erste Stück. Nun das nächste und so weiter und so weiter.

Sooo ein Mist! Hat doch der Kerl dieses Stück Draht zu lang bemessen. Da klafft ja mindestens eine Handspanne zwischen den zwei mal sieben Windungen der Fibel. Meine Götter, was mach ich mit diesem versauten Stück? Auftrieseln dauert viel zu lange und nimmt auch die Spannung aus dem Metall. Himmel und Feuer! Den Kerl trete ich in seinen Hintern, daß ihm die Augen bis auf den Anger fallen! Muß man sich ja schämen für den Pfusch. Wegwerfen ist zu teuer. Na gut. Biege ich also das Zwischenstück zu einer kleinen Schleife.

Hoppla, das sieht so schlecht gar nicht aus. Ist mal was Anderes. Noch ein wenig poliert mit dem Gemisch aus Sandsteingries, Asche und Wasser und schon sieht das Ding ganz manierlich aus. Aber verkaufen werde ich es vorerst nicht, denn sonst bildet sich der Lümmel noch was ein. Ich hänge es erst einmal hoch an den Dachsparren, damit es keiner sieht. Denn eigentlich ist es doch Pfusch!

Und woher kommt dieser Pfusch?

Ihr ahnt es sicherlich schon:

Weil der Dimotix mit seinen Gedanken bei ganz was anderem war! Nur nicht bei seiner Arbeit.

Aber da ist wohl zwischen Dir, mein Freund Mannanon, den Lesern Deiner Zeilen und meinem Enkel kein großer Unterschied?"

....

Als Ian der Schmied von hoch oben auf dem Salzberge zu Hallstatt eines wunderschönen Tages, die Sonne war

129

glutrot und glänzend über die hohen Berge gekommen und hatte den Berg und das Tal und den See in leuchtende Helle getaucht, so, daß die Nebel über dem See einen zweiten Himmel aus Wolken in der Tiefe bildeten; als Ian der Schmied also seine Reise in die Anderswelt antrat, fand man ihn auf seinem Holzklotze sitzend, an die Wand seiner Schmiede gelehnt, seine geliebte Wurzelholzpfeife in der Hand, die lange verborgen gehaltene und doch immer gemochte `verpfuschte Fibel' an seinen rußbedeckten Kittel gezwickt, ein glücklich erfülltes Lächeln im Gesicht – tot.

....

2434 Jahre später wird ein OberbergRat oberhalb des Ortes Hallstatt am Hallstätter See auf dem Gelände des immer noch seit Jahrtausenden bestehenden Salzbergwerkes ein Gräberfeld von über 900 Grabstellen entdecken. In einer dieser Grabstätten findet man unter anderen Grabbeigaben auch eine Fibel, welche in der Mitte eine Schleife hat. Und diese „Brillenfibel" wird gezeichnet und im Museum aufbewahrt für das Interesse der Späteren am Vergangenen. Und viele der Fibeln der anderen Arten, welche in Rom, in Marsillia, im Latium, in Griechenland und anderswo ihre Besitzer gefunden hatten, sind in den Läufen der Zeit untergegangen, verrostet, verrottet; vergangen also. Und diese eine „Brillenfibel", dieses verpfuschte Stück wird museal auf die Nachwelt überkommen und zeugt als einzige dieser Art unter vielen anderen wunderbaren Stücken von der Kunstfertigkeit eines Schmiedes – Ian von oberhalb des Hallstätter Sees – und das auch nur
.... weil der Lümmel nach den Weibern schielte!

Und was habe ich selber als Lümmel ganz offen und später als Mönch gar heimlich den Weibern nachgeschielt. Kein Fest durfte ich als junger Mann versäumen, keinen Tanz mir verkneifen, keinen Kuß mir versagen und keinen Schoß unbesprungen lassen. Aus mir schäumte das Leben – ich war das Leben selbst. Jede Tugend und auch jede Untugend gönnte ich mir. Ich lebte das Leben so, wie meine keltischen Vorfahren es gelebt hatten, das reiche, unwiederbringliche Leben unter den Sonnen aller Himmel und unter dem Schutze aller Göttinnen und Götter dieser wunderbaren Welt.

Wie oft habe ich mich in den verwirrenden Landschaften des Weiblichen verirrt. Wie oft habe ich gesündigt. Aber kann denn diese von GOTT gegebene Freude am Leben Sünde sein? Der HERR Jesus jedenfalls, so ich seine Worte kenne, hat da kein Tabu auferlegt und wenn die Oberen von der Erb- und Todsünde faseln, dann kann das nicht, wirklich nicht! dieses so wunderbare Tun liebender Menschen sein.

Aus ihren Becherchen habe ich getrunken, von ihren Tellerchen habe ich gegessen und auch in ihren Bettchen habe ich geschlafen, besser gesagt, nicht geschlafen! Wenn ich die Stuben verließ, wunderte es mich jedesmal, daß keine der *faerien* bos- oder schelmenhaft hinter einer der Türen hervorlugte und mich erschreckte oder gar böse Zeichen in die Luft schrieb. Nur das leise   Schnurren eines schwarzen Katers hallte in meinen Gedanken noch durch die lauen oder eisigen Nächte, in die ich hinaustrat.

Und wieder einmal stehe ich unter dem Glanz des vollen Mondes, der seinen Zyklus erneut beginnt und der durch sein gleißendes Leuchten nachmitternächtliche Schläfer in seinen Traumbann schlägt. Und das Herz pocht heiter und die Gedanken kreisen um das Sein und das Miteinandersein, um die Schönheit und die Stärke der Frauen, die Stärke und die Schönheit des weiblichen Geschlechtes.

Ein diffuser Schein liegt über dem Bach. Unwirkliche Lichter, Strahlen der Gestirne verweben sich mit Freude und Müdigkeit, mit Herzschlag und Nachlockung eines Abends, einer kurzen Nacht. Leise durchstreife ich die Gassen auf meinem Wege. Die Unebenheiten des Untergrundes sind weich. Gedämpft klingen die Schritte. Leichter Nachtnebel beginnt mich zu umhüllen und in den Ohren singen leise Worte, zärtliche Melodien und geflüsterte Zärtlichkeiten, die sonst in der Helle des Tages nicht zu hören sind - wohl dort auch nicht hingehören.

Das Rauschen des Flusses unter der Brücke erinnert an Gesänge und als ich mich an das Geländer lehne, auf die sich kräuselnden Wellen schaue, nehmen mich diese mit in ihre eigene Ferne, hinfort von Heutigen und ich treibe mit ihnen, lasse mich treiben, auf dem Rücken der Nacht liegend und den Sternenhimmel betrachtend. Entrückt der Zeit, entrückt dem Jetzt - weil es mir gut geht.

Und das Wellengeplätscher lässt mich müde werden. Es wiegt mich in einen leisen Schlaf, der hinübergleitet in einen Traum, der so voll ist von Glück und mich doch hin und wieder aufschrecken läßt, weil ich weiß, daß ungetrübtes Glück ja nur ein Trugschluß sein kann. Und dieser Gedanke ruft mich in die Nun-Zeit zurück, auf daß ich weiter meinen Weg nach Hause gehe. So setze ich dann Fuß vor Fuß in eine plötzlich so fremde Landschaft, die sich eigenartigerweise vor mir zu wölben beginnt, hell sich erstreckt, die mir unwirklich erscheint und die ich doch zu erkennen glaube...

...aus einem wald von blonden bäumen trete ich heraus und ich begehe eine fläche, die glatt ist und weich sich anfühlt, eine fläche von eigenartiger konsistenz, keinem wege, keiner straße, keinem pfade gleich und die doch warm und weich und so angenehm zu beschreiten und anzusehen ist; eine kleine senke durchwandere ich und mein weg strebt einem schmalen felsen zu, der in der landschaft steht, und als ich dessen spitze erklommen hab, sehe ich hinter mir auf beiden seiten des weges zwei seen liegen, zwei so freundliche gewässer von einer unbestimmbaren färbung, zwischen blau und grün und braun und auch leuchtendem hell, so daß es mir warm wird um das herz und ich gerne an ihren ufern verweilen möchte, um tief und tiefer in ihnen zu versinken, ahnungen kommen auf und liebe gedanken an einen lieben menschen und vor mir liegt die nebelverhangene ferne; der abstieg vom felsen gelingt mir an einer der seiten, ich nähere mich dem ersten grunde und war der weg eben nur einfach glatt und weich, so wird mir unter meinen nackten füßen so ungeheuer warm, da sich die struktur des grundes gewandelt hat, überhaupt - ich sehe mich plötzlich nackt in diese landschaft gehen, der boden ist rot und dieser pulsiert im schlage des herzens, weiter führen mich meine schritte, hinweg von diesem angenehmen untergrund, auf seidenweichem mossgeflecht, immer tiefer hinunter, vorbei an einem bläulichem fluss, der wohl nah der oberfläche seinen weg findet und der im schlage eines herzens seine bahn zieht; durch einige kleine täler und über höhen hinweg führt mich mein schritt, meine augen erspähen in der nahen ferne rechts und links vom wege zwei türme, die sich auf kleinen hügeln erheben und welche eine eigenartig gerauhte wandung haben, sie erinnern mich an brombeeren mit ihrer bräune und als ich auf einen von ihnen zugehe, über den so zarten untergrund trabe, beginnt dieser eine turm leise zu zittern, sich zu recken und sich noch höher als bisher über den hügel zu erheben, an seiner knubbeligen rundung klettere ich hinauf und wage einen blick über das darunter liegende tal, das sich vor mir in aller klarheit im dunklen ausbreitet, ein weites flaches tal, das an seinen seiten abfällt in eine dunkle, unbekannte tiefe und in der ferne erahne ich einen kleinen dunkelblonden tann, der mir labung und trost verspricht, auf den ich über die weit sich dehnende ebene hinwandere, mich dürstet und ich hoffe, daß mich im dortigen dickicht eine quelle erwartet, welche meine sinne labt, mir meine unruhe nimmt im schatten des schlanken gebüsches, mich aufrichtet und stärkt nach der arbeit eines harten tages, nach meiner doch so lang schon währenden wanderung nach hause zu mir selbst und zu einer liebe, und als ich auf mein ziel zustrebe, übersehe ich eine vertiefung im gelände, ich stürze, ich kullere, mich über schlagend, in einen mitten im wege liegenden trichter, lachend über das mißgeschick hangele ich mich wieder hinaus und ich eile fröhlich auf mein ziel zu, das noch in einiger entfernung vor mir liegt; dort angekommen, durchquere ich den dichten tann, ich finde die quelle, verborgen vor den augen der welt in einer warmen grotte; und hier umfängt mich ein heiliger schauer, hier umfängt mich eine ehrfurcht vor der urmütterlichkeit, umfängt mich eine ahnung von geborgenheit, von frieden und wohlbehagen, umfängt mich die sehnsucht nach den ursprüngen und nun ist es da, das erinnern und das wissen um meine kleinheit und um meine größe in dieser welt, in die ich aus solchem urgrunde ausgespien wurde ohne mein zutun und ohne mein wollen, und ich versinke in dieser quelle und ich trinke aus dieser quelle wie ein verdurstender aus einem nimmer versiegendem gefäß, ich nehme die kraft, die dieser quell mir schenkt in mich auf und ich fühle, daß ich erstarke, daß ich wachse und größer und größer werde, daß ich an körper und geist gesunde und wie ich der göttin dieses unerschöpflichen bronnens danken will, mich aufrichte in meiner nun wiedergewonnenen größe...

...da erwache ich aus meinem Traume auf der Brücke und weiss nun mit Bestimmtheit, daß der Gang durch diese soeben erlebte verwirrende Landschaft nichts Schöneres, nicht Erhebenderes war, als das Nacherleben eines Ganges über den Körper meiner Liebsten und ich weiss auch, daß es im Leben nie etwas Schöneres und Erhebenderes geben wird als solch eine Wanderung. Und dieser erregende Gedanke begleitet meine weiteren Schritte in die Stille meiner Klause und mehr wollte ich heute Nacht auch nicht mehr denken. Denn mir ist so wohl. So unendlich wohl!

....

Ich wanderte vor ewiger Zeit durch die weiten Lande von den britonischen Inseln nach dem Süden. Meine lange, schwere Lernzeit bei unseren alten Weisen, den Druiden, hatte ich hinter mich gebracht, war angefüllt mit Wissen und überheblich sogar, ungebremst in meinem stolzen Wahn, alles Wissen schon in mir zu haben.

Später zog ich dann mit den Heeren in die fränkischen und auch in die italischen Lande. Dort mußte ich bemerken, dass es noch mehr und noch mehr und noch mehr zu lernen gab, als ich es mir hätte je träumen lassen. Und meiner Träume waren es gar viele. Beim Wandern durch die Wälder, die Weiler, die großen Anwesen und später sogar durch die römischen Städte wurde mir die Kleinheit meines Selbst bewusst und bewusst wurde mir immer mehr das, was mir noch fehlte. Wissen. Die Sprachen lernte ich im Vorübergehen, beim Brot erbetteln, beim harten Arbeiten um Nachtquartier und eine Schale Suppe und auch das Lesen vergaß ich nicht, wenn ich einmal in einem Kloster Herberge fand für einige Tage oder Wochen. Daselbst gab es nicht viele, aber doch oftmals prachtvoll gestaltete Bücher, sogar aus einigen unserer keltischen Schreibstuben, gehütet wie die Kronschätze der Könige und immer wieder abgeschrieben und kopiert. Ein Brand nur, eine Feuersbrunst nur und der ganze Reichtum an Wissen war für immer fort im verwehenden Rauche.

Und wie dem Marcinius erging es mir hie und da, nur das es nicht ehrbare Kelten waren, welche den Weg mir belagerten, sondern Christenmenschen mit Schwert und Prügel. Von wegen, HERR, „...liebe deine Feinde wie dich selbst!" Da war kein Hauch von Liebe. Da loderte das Feuer der Selbsterhaltung in mir flammend auf und ich hielt niemals auch die rechte Wange hin, wenn mir die linke mit dem Messer balbiert werden sollte.

Ja. Liebe und Frieden, gütiges Miteinander, welches der HERR Jesu gepredigt hatte, das Lagern von Löwe und Lamm auf gleicher Aue, auch das Verhindern von Not und Elend. Die waren ein Traum träumender Träumer in dieser Zeit. Davon träumte auch ich schon in allen meinen früheren Leben. Nur so richtig friedvoll, ohne Elend und ohne Not ist kein Leben gewesen zu meiner Zeit und auch nicht in der Zeit, in die es mich in einer kalten Nacht am Feuer im Winterwald frierend hingeschlafen hatte.

Eingehüllt in einen wärmenden, weißen Schaffelmantel träumte ich von der Herkunft der Kraft, die Welt zu verbessern.

Gloria in exelsis Deo! Ehre sei Gott in der Höhe! So haben sie gesungen, die frommen Christen unserer Reiterabteilung und die wenigen anderen in diesem Schuppen, den sie ihre Kirche nennen. Der ist nicht dicht und er erinnert eher an einen Stall, in welchem es aber vom Vieh her viel wärmer ist als hier und ich friere. Still, mein Schwarzer, halte still. Die Messe ist zu Ende für mich, denn nach dem Te Deum bin ich gegangen, mich an deinem Fell zu wärmen. Komm, friß du deinen Hafer. Was bist du doch so warm unter deiner Schabracke und mir ist so kalt, so erbärmlich kalt. Tausend Jahre später hätte ich die Messe vom windgeschützten Seitengang verfolgen können. Handwärmkugeln haben sie dann in den behandschuhten Fingern und warme Stoffe und Pelze um sich geschlungen. Die Reichen, die Prälaten, die Oberen. Nicht die kleinen Leute wie ich und die anderen Soldaten und die Knechte und die Mägde auch nicht. Wir frieren uns heute und auch in tausend Jahren noch den

Arsch ab. Unser härenes Untergewand kratzt am Körper, die
Flöhe spielen Versteck im Haar. Meine Rüstung ist eiseskalt
im frostklaren Wind. Nur der Mantel, mein weißer dicker
Schaffellmantel hält mir die Wärme am Körper fest und
davon ist nicht viel. Tausend Jahre später könnten mich die
Pelze wärmen und die feinen Stoffe, die man um mich
gelegt. Um mich, den heiligen Martin von Tours, der ich als
Statue gerne auf dem Lettner hätte stehen mögen in der
Kathedrale von Amiens. Ja, eitel bin ich wohl. Heute noch
als junger Reitersmann. Ich stünde geehrt, verehrt, geachtet
und geliebt und angebetet von gläubigem Volk, von den
Grafen und Königen, den Priestern und Bischöfen. Ich
könnte in der Stille des Domes seine Weite mehr ahnen als
sehen von meinem Platze auf dem Lettner. Das Chorhaupt
im Strahlenkranz seiner Kapellen, das basilikale Langschiff
voll der umwerfenden Gewalt seines Rhythmus' der Pfeiler
und der Kapitelle. Könnte das Frontpaar der Türme ahnen -
symbolische, wahrzeichenhafte Macht. Die Dreiheit der
Glieder: Chor, Querschiff, Langschiff. Dreieinigkeit - wie sie
erst viel später in einem der vielen Konzile festgeschrieben,
dogmatisiert, wird und auch immer wieder Ausgangspunkt
der Diskussion und der Häresie war und immer noch ist
und auch Grund war für Verfolgung und Metzelung
frommer Glaubender und auch frommer Christen. Aber
heute, mein Schwarzer, möchte ich in die Wärme. Heute, im
Winter. Welches Jahr zählen wir eigentlich, mein
Schwarzer? Aber wie es im Leben, so auch nach dem Tode,
ungerecht zugeht - auch tausend Jahre später werde ich
dann an der inneren Westwand des Domes zu Regensburg
auf dir sitzen, mein Schwarzer, und ich teile gerade meinen
Mantel mit einem frierenden... aber das kann ich ja noch gar
nicht wissen, denn das wird ja vielleicht erst nachher
geschehen werden...

Warum ist mir nur so kalt, mein Schwarzer? Der Mond
scheint voll aus seinem Hof auf uns beide herunter und der
Hunger nagt in mir. Die Wachstunde erschien doppelt so

lang in dieser hündischen Kälte. Der Schlaf war so drängend, daß ich in Wachträume fiel, mit mir selber und mit den Kameraden sprach über die Unzulänglichkeiten der Welt und über das Elend hier in Amiens, in Gallien und in Franken und in Rom und überall, wo wir schon waren.

'Für was lohnt es sich zu kämpfen, zu leben?. Wir sind alle Kinder der Götter und vergeuden unsere Talente für sinnlosen Zeitvertreib. Das kann nicht der Sinn des Lebens sein.' *Das fragten und sagten wir uns wieder und wieder. Und hinter diesem Fragen und Sagen lag der ganze Enthusiasmus unserer Jugend, die alles schon hinter sich und die doch alles noch vor sich weiß.*

'Heh! Für was lohnt es sich zu kämpfen, zu leben?' *Nächtelanges Fragen und Antworten nach dem Wohl und dem Wehe der Welt. Aufstände des Geistes, Aufstände der Hände, der Taten, des Tuns und immer verbunden mit dem noch Kämpfenwollen, dem noch Wollenwollen und dem Könnenkönnen, denn die Kraft im Kopf und die im Herzen und die im Körper ist noch so ungebrochen. Klippen werden umschifft, Berge von Problemen gewälzt und übersprungen, Grenzen eingerissen. Die Welt ist ja so vollkommen unvollkommen. Der Zweifel über die Schöpfung schleicht sich ein in die Gedanken: kann ein Schöpfer Unvollkommenes schaffen? Widerspricht nicht die unvollkommene Welt im eigentlichen Sinne der Vollkommenheit des Schöpfers - ist ER, da er es nicht vollkommen schuf, nicht selber unvollkommen? Schuf Vollkommener Unvollkommenes? Ist der Gott dann wirklich der EINE Gott, wie die Christen es behaupten? Ein Zweifel jagt den kommenden! Was kann man tun gegen die unvollkommene Welt?*

Heute, morgen, ja, in tausend Jahren wird es immer diese Fragen geben und immer wieder wird auch die Antwort dieselbe sein. Ja, **ich** *muß was tun, aus mir selbst, um mich selbst, mit mir selbst und mit anderen zusammen. Man / Ich! muß etwas tun !*

Das Tun, das ist das Wichtigste. Das Gute tun!

Die Welt, das haben meine Kameraden und ich gesehen, in Pannonien, in Gallien, in Germanien und auch im Römischen Reich der Deutschen Kaiser, was heut noch nicht exisiert, die Welt ist an jeder Ecke nicht gut. Bereicherung, Notdurft, Notzucht, Hunger, beißender Hunger, Reichtum, Elend, Raub und Raubbau, Sklaverei und Freiheit, Glamour und Schatten und Freude und Leid, Schönheit und Häßlichkeit, Liebe und Haß und Kampf und Tod; all das liegt so untrennbar nahe beieinander. Und von dem Schlechteren ist so viel. Jede Generation um die 20 herum will die Welt auf ihre Weise verbessern, mit ihrem Wissen, mit ihren Kräften, bis diese Kräfte verschlissen sind, die Träume wie Seifenblasen zu zerplatzen beginnen und als schillernde Fetzen im Sonnenschein verwehen wollen.

Ach komm, mein Schwarzer, laß' uns über die Brücke ins Lager reiten, heißen Wein trinken und mit den Kameraden reden, denn die Einsamkeit läßt sonst die Gedanken in sich selbst einfrieren. Dumpf klingt dein Schritt, mein Schwarzer. Das Eis klirrt unter deinen Hufen und mir ist immer noch so gotterbärmlich kalt.

Holla! Siehst du die zerlumpte, halbnackte Gestalt, die dort aus dem Schatten des Brückentores heraustritt?

Was will der Bettler gerade von mir? Brot? Ich hab' keines und würde selbst gerne eine warme Suppe essen.

'Alter, ich habe nichts. Geh fort zu Deinesgleichen. Hau ab!' Der Kerl streckt doch immer noch die Hände aus, Aussatz hat er auch oder was sonst immer.

,Heh, laß mich los! Du frierst? Denkst Du denn, mir ist wärmer? Mir ist genauso kalt wie Dir. In meiner Rüstung sogar noch kälter!. Verdammt! In Gottes Namen!'

Heraus mit dem Schwert.

Ein Hieb. Ein scharfer Streich.

Und ich Rindvieh schenke ihm wirklich die Hälfte von meinem Mantel.

'Los, wickele Dich darein. Hoffentlich kommst Du damit über diesen Winter'. (Den die Chronisten später einmal als: "härter als gewöhnlich, so daß viele Menschen durch die Kälte ums Leben kamen" in den Annalen festhalten werden.) Warum mache ich das eigentlich? Ich bin doch gar kein Christ, bin noch nicht einmal getauft.

Aber ein bißchen freier ist mir um das Herz. Jetzt, nachdem der Alte fort gehumpelt ist.

Komm, mein Schwarzer, weiter zum Stall und in die Zukunft hinein als der Beginn einer frommen Legende vom heiligen Martin von Tours auf der Brücke zu Amiens im Winter anno domini 338/339.

Daß ich dann später in der Zeit Kriegsdienstverweigerer, Verkünder des Heils auf vielen Wanderwegen durch die Lande wurde, dann Klausner und Wundertäter und sogar 371 zum 3. Bischof von Tours erwählt wurde, das kehre ich unter den Rest des Mantels der Bescheidenheit.

Was die Fama, verdammt noch einmal, aber nicht berichtet hat, ist, daß an der nächsten Ecke und an der nächsten Ecke wieder und an der nächsten Ecke auch, immer wieder ein Bettler, ein Bedürftiger, ganze Scharen von Bedürftigen aus aller Welt, in aller Welt, aus allen Zeiten und in allen Zeiten wieder auftauchten, so daß ich nicht nur meinen Mantel in Gänze verlor, sondern auch mein härenes Unterkleid dazu.

Aber daß ich immer dann, wenn mir in dieser verflucht kalten Welt einmal etwas warm geworden, ich diese Wärme mit anderen habe geteilt und aus diesem Teilen wieder Wärme und Freude und Hoffnung empfunden und empfangen habe. Weil: des Schlechten ist ja so viel, aber des Guten auch!.

Darum wollte ich mit aller Kraft Gutes tun. Und indem ich es anderen antat, fiel es auf mich zurück. Ich war beglückt. Die Einen nennen das dann die 'Geborgenheit in der

Schöpfung' und die Anderen sagen dazu 'Innere Zufriedenheit' oder 'Ruhen in sich selbst', aber alle sie haben nur unterschiedliche Begriffe für dieses Glück.

Doch heute frage ich dich, mein Schwarzer:

Warum, verdammt, mußte gerade ich ein heiliger Martin werden?

....

Na ja. Ein heiliger Martin bin ich nicht geworden, obwohl mit den Jahren mich manch einfache Menschen einen frommen Bruder nennen. Was soll es. Laß es sie glauben, Mannanon. Es machte sie ein wenig zufriedener, wenn sie bei mir ihre Tagelöhnersorgen ausgeschüttet hatten und ich ihnen den Trost des HERRN Jesu mit auf den Heimweg geben konnte. Kannte ich doch ihre Sorgen und Freuden und ihre Gewissensqualen auch. Hatte ja alles das am eigenen Leibe erfahren, denn die Wege waren, wie ihr lesen könnt, für mich niemals nur glatt.

Das heißt, manchmal waren sie schon glatt wie ein schweißnasser Schoß, der auf fremder feuchter Haut zum Ausrutschen kommt. Aber das Wichtigste ist immer, daß jeder sich fängt, manchmal sich auch auffangen läßt durch den Beistand und den Trost anderer Mitmenschen, ihre Hilfe nicht ablehnt und manchmal auch ein klein wenig Dankbarkeit zeigt.

Aber wie das Leben so eingerichtet ist: es kommen auch immer wieder einmal ruhigere Gefilde im Verlaufe des Weges. Vor allem auf dem Weg aus dem Bayerischen hinaus nach Tirol, in der Nähe des großen Achensees. Dort oben an der den Etruskern heiligen Quelle, dort oben hatte ich auf meinem langen Wege in das hiesige

rupertsche Kloster das Gefühl, alles in der Welt sei
gehalten auf eines zitternden Fingers Schwebe:

*Ich komme aus einer Stadt, deren Namen ich vergessen habe
und ich gehe irgendwohin.   Irgend wo hin?*
*Ich fühte mich wie eine nasse Wolke, die vom Winde
zwischen den engen Gassen an die Wänder der geduckten
Katen getrieben wird. An die eine Mauer. Abgeprallt!
Kehrtgemacht! Gegen die nächste. Und ich gehe der Freiheit
der Berge entgegen mutigen Schrittes. Ruft mich doch
wieder einmal die lockende Ferne zu sich hinüber auf den
Weg Irgendwohin.*
*Der Wind umbraust mich auf dem offenen Lande und hebt
mir die Kutte in die Höhe. Dem Süden entgegen geht es,
hinein in die Sonne des erwachenden Tages. Zu den Alpen
geht es, welche am Horizont als schemenhafte Silhouetten
lange, lange vor mir stehen. Viel zu langsam komme ich
voran in der wogenden grünen Mittagslandschaft auf dem
schmalen Weg der Karren und der Reitersleut. Vorbei dann
am Tegernsee, der sich himmelblau auftut zwischen den
Bergen, braune Flöße auf seinen Wellenrücken.*
*Langsamen Fußes gehe ich durch die kleinen Weiler, oftmals
an einem Zaune ins Gespräch gekommen und neue Kunde
gebracht aus der Welt. Die gemütliche Landstraße verführt
zum Schauen und zum Träumen und ich biege ab in einen
lockenden Weg, hinein in ein Seitental. Hier trinke ich in
tiefen Zügen die reine Luft, setze mich am Rand des Pfades
auf einen Stein und genieße die Stille. Das Auge schweift
ringsum und findet Halt an den Bergen.*

Weit entfernt, zwischen unwirklich erscheinenden Bäumen
auf der Kuppe einer Alm, glaube ich eine junge Frau zu
sehen, welche da geht und doch stillesteht in der
wunderlichen Hitze des Tages. Dann ist sie entschwunden
und ich weiß nicht einmal sicher, ob sie überhaupt
dagewesen.

Die Mittagssonne hängt satt und warm an gleißenden Fäden vom Himmel. Das Land summt vor Vergnügen leise vor sich hin. Libellen und Mücken flitzen vor meinen Augen vorbei. Auch Hitzeflimmern vor meinen Augen. Bienen schwärmen. Das Gras neigt sich unter einem lauen Wind. Ich öffne alle meine Sinne und wiege mich in der pralle Hitze.

Zwischen steil strebenden Berghängen duckt sich die Hütte der "Schwaigeralm" ins enge Tal, lädt ein zu erfrischender Rast. Wenig später singt ein einsamer Pfad frühnachmittägliche Käferlieder vor sich hin und wenige Schlenderschritte weiter wartet kühl der schattige Wald. Angenehme laubfeuchte Luft - Atem der Natur. Uralte Stämme, bärtig behangen mit braungelbem Moos, bilden Kreise. Aus verlorener Stille Vergangenheit weht. Zugänge zur Anderwelt ahnt der andächtige Adept.

Also auf! Hinauf! Kletternd und rutschend, schwer atmend erklimme ich den Steig, der manchem Wanderer das Ziel wies. Und während ich still um den toten Salamander am Wegesrand trauere, ein Schwarzmandl, wie man hier sagt, stecke ich mir die blaue Blume des Glücks in das graue Haar und freudig grüße ich die Feen des Waldes, daß sie mich schützen und geleiten mögen.

Von Höhe zu Höhe schwelgt weiter der Blick. Kleine Bäche spülen sprudelnd glasklares, kaltes Wasser in die Tiefe. Rast wird gemacht an denPlätzen mit den schönsten Aussichten. Wohin das Auge auch schaut: Täler, Berge, Tannen, Himmel und Stille.

Nach vielen Schritten bergan zeigt sich eine 'Hütte'. Lustiges Volk auf der Tenne. Vom Heuen hungrige und durstige Mägde und Knechte. Freundliche Stimmung ist und Austausch des Wissens über den Weg und die Berge und das Wetter und über die Sonderlichkeiten dieses Landstriches.

Aber immer weiter in den Berg ruft es mich nach einer stärkenden Jause. Es zieht mich der Einsamkeit entgegen. Älter wird der Tag.

Angekommen auf der Matte unter dem Guffertmassiv, nahe dem Himmel unter den hoch vorüberstreichenden Wolken, im Brausen des unendlichen Lichtes, stehe ich und ich fühle, wie der Klumpen im Hals, der Stein in der Brust sich löst und mein Denken sich beruhigt.

Und durch eine Lücke im Gesträuch, auf einem bewaldeten Hügel, - noch weiter entrückt - meine ich wieder die junge Frau zu sehen. Weiter und weiter gehend in die warmen Fernen.   Fort .

Tief in Gedanken versunken streife ich dem Walde zu. Ich durchquere den Windbruch auf dem Wege zur Quelle, die einsam liegen soll seit Anbeginn der Zeit. Es ruft mich ein Klang, der so voll ist, daß die ganze Welt zu schwingen scheint, dem Rauschen eines Flusses gleich, der sorgenlos irgendwohin plätschert; der schönste Klang, den ich je vernahm.

Was ist der Tann so finster! Über Stock und über Stein führt mich kein Weg. Ein Wildpfad ist es, der von Irgendwoher nach Irgendwohin verläuft, immer wieder im Gewirr des Unterholzes auftauchend und schwindend. Wandern ist Ahnen!

Es öffnet sich der Wald. Steil ragt Grau hoch hinauf. Zwischen dem Gestein und dem grünbemoosten Grund eine dunkle Öffnung, einem Mutterschoße gleich. Und dieser Schoß gebiert lebenspendendes Naß, seit Tausenden von Jahren schon.   Naturgöttin!

Verehrt seit frühetruskischer Zeit. Im Fels eingemeißelt sind noch immer unerforschte, geheimnisvolle Runen der Altvorderen. Hymne an das Leben? Hymne an das Sein?!!

Staunend und seltsam berührt verhalte ich den Schritt, verhalte ich den Atem.   Hier ist mein Ziel!

Weihevolle Stimmung erfaßt mich. Und je länger ich stehe und lausche, desto gewaltiger schlägt sie über mir zusammen. Jede Bewegung ist zuviel.

Nur Denken ist in mir und Zurückfallen in urgründlichen Schauder und Andacht.

Kraft und Magie. Magie und Kraft. Heilig der Ort durch die Präsenz der Urmutter Erde, der Göttin LEBEN. Heilig ist der Ort und nur gefunden von ihren Jüngern durch Mühe und Geduld.

Und meine Gedanken weben eine Leinwand, auf der, wie im Nebel, im gemalten Bild, geheimnisvolle Rituale ihren Lauf nehmen. Opfergaben werden gebracht von Menschen, die lange schon nicht mehr sind. Im Bannkreise der Quelle wiegen sie sich, stehen frei im Rund. Eigenartig gekleidet, geschmückt mit den Kostbarkeiten der Natur, geflochtene Kränze auf dem Haupt und dieses nicht scheu gesenkt. Nein! Voller Stolz tragen sie der Göttin ihre Gaben zu: Honigwaben, Ährenbündel, Früchte des Feldes und des Waldes. Ihre kleinsten Kinder legen sie an den Rand des Borns zur Weihe ins Leben. Stimmen beschwören Luft, Himmel und Sonne und Erde. Weithin tragen Hirtenflöten den Klang einer einfachen, ergreifenden Melodie. Das Echo bricht sich am Berg. Glück und Fruchtbarkeit wird in gemeinsamen Tanze erbeten und auch durch körperliche Hingabe unter den Augen der kräftespendenden Macht. So kommt die Seele, kommt das Dasein wieder in Einklang mit der Urmutter Natur.

Hier oben! Hier oben, fernab vom Gewimmel im Tal. Früher, Gestern und auch Heute.

Doch heute nur für die und in denen, die noch offen sind für die Traumvisionen, für die Reisen durch die Zeiten, für die Adepten, die sich ihre frühmenschliche Einfalt bewahren konnten; für die, die noch manchmal Eins-Sein-Können mit dem Sein und mit dem Ich, dem Ihr und dem Großen Anderen.

Und bedauernd begreife ich, daß die Menschen meiner Generation schon nicht mehr im Einklang sind mit der Zeit und mit dem Raum; daß sie diese Einheit durch Wissen, und wissen wollen um jeden Preis, verloren haben. Die heutige Gemeinschaft der Menschen ist nicht mehr Einheit und Harmonie, die die Freunde und auch die Toten und die noch Ungeborenen mit einschließt; Einheit in der Zeit. Auch die Gemeinsamkeit mit der Erde, den Ernten und den gemeinsamen Festen ist nicht mehr. Und die Götter, die gewesenen, verehrten, entfernten sich mit diesem Wissen. Sie wurden schwach und konnten, weil kein Glaube mehr an sie war, dem Einzelnen und der Gemeinschaft nun auch nicht mehr helfen. Sie gingen, sie vergingen! Und sie wichen dem Einen GOTT, der wahrlich alle Hände voll zu tun hat mit dem Geraderichten seiner, ach so unvollkommenen Schöpfung – dem großen Wunder! Und so mußt' der Mensch, mehr und mehr auf sich allein gestellt, auch die Kraft der Gemeinschaft verlieren und den Glauben an diese gemeinschaftliche Stärke. Er mußt' für sich allein geradestehen und der Wahrheit ins Auge blicken, so er sie erkennt. Und es wurde wichtig für den Einzelnen, daß er sich als klug und gebildet, als wissend und stark erweist und *sich gegen alle anderen, selten mit und für die anderen, unter Beweis stellt.   Wo, Ihr Göttinnen und Götter und Ihr Feen, wo seid Ihr?*

Eigentlich bedarf es nicht der vielen Fragen. Es bedarf doch nur der steten Bejahung des Lebens.

Und solch ein Fest der Bejahung sehe ich vor mir sich abspielen am sprudelnden Quell. Heute, vor ungezählten Jahren.

Leise verklingt die Melodie. Sie wird aufgesaugt vom Raunen des Windes und dem Vogelschrei hoch im Raum. Langsam verblassen die Schemen; die Leinwand rollt sich ein, mein Blick taucht wieder in die Welt.

Als ich mich dann in das duftende Gras lege, über die Formen der langsam treibenden Wolken sinniere, sehe ich das wunderbare Spiel des Lichtes im dunklen Tann. Der Quelle Hauch umfängt mich, mein Sinnen fällt in mich zurück.   Ich denke an alle die, welche ich liebte und liebe und so ruhe ich schweigend lange Zeit. Berggipfel und Wolken und Vögel und Sonne.   An meine Stirn prallt der kühle Wind. Über meine Seele spannt, Vvielleicht Zum Letzten Male? die trunkene Jugend ihre blauen, ahnungslosen Himmel auf. Und es überkommt mich wieder ein altes Verlangen, eine unschuldige Sehnsucht. Es überkommt mich ein Traum im Traume:

"einmal noch möchte ich durch eine dieser nächte gehen – durch eine dieser nächte, die warm sind bis zum morgen; einhergehen möchte ich mit einem mädchen, einer frau, eine stunde, eine nacht, schreiten mit ihr irgendwohin, wo man nichts mehr sieht und hört, auf einen hügel steigen und mich dort setzen, in die sterne sehen, ich würde sie bei den händen halten, ich würde das gras und den weizen auf den feldern riechen und ihr duftendes haar und wissen, daß ich in der mitte der welt bin und ringsum orte und weit weg die straßen, niemand ahnt, daß wir beide da sind und auf diesem hügel im gras sitzen und die nacht betrachten, es ist schön, diese hand zu halten, hand in hand dazusitzen kann das schönste sein; schön, wenn die hände sich bewegen und doch nicht bewegen, so etwas bleibt eher in der erinnerung als irgend-etwas-anderes aus irgend-einer-nacht, ein leben lang, dieses nur-hände-halten, denn wenn sich erst alles wiederholt hat und vorbei und bekannt ist, zählen die ersten dinge mehr als die letzten, und so möchte ich ganz lange nur dasitzen, ohne ein wort, es gibt keine worte für so eine nacht; wir schauen uns nicht an, wir reden kein wort, und doch wird alles gedacht, wir blicken in die Ferne, in die lichter der orte und wir wissen, daß manch andere vor uns auf diesen hügel gestiegen sind und daß es auf der welt nicht besseres gibt, man könnte auch nichts besseres machen; alle häuser und bräuche und sicherheiten der erde sind nichts gegen eine solche nacht, die orte, die menschen bei nacht in den zimmern der häuser dieser orte, die sind das eine; der hügel und der wind und die sterne und das händehalten, das ist das andere; und nachdem unsere gedanken jahrhunderte, welten und sich selbst durchmessen haben, endlich, im warmen mondschein, wenden wir uns einander zu und ohne ein wort sehen wir uns an; das universum erzittert in uns - so allein sind wir mit uns auf diesem hügel, diesem heiligen ort, die ganze lange nacht lang, und ich beugt mich vor und berühre ihre stirn mit der meinen, unsere lippen sind trocken und warm als unsere gesichter eine silhouette in der dunkelheit bilden, mit dem feuerschein zwischen unseren stirnen; wir blühen beide in unserer umarmung auf, wir füllen uns mit leben, werden sichtbar größer, sichtbar stärker als wir uns umschlingen, und wir denken an all die getrennten sterne über uns, an all die getrennten wesen

und menschen und dinge; jedes genau in der mitte
von überall und nirgendwo - all diese sehnsucht nach
ganzheit ist in uns beiden enthalten, diese vereinigung
der schicksale zu einem gemein-samen licht in der
dunkelheit, eine harmonie aus verzückung und gefahr,
aus wissen und mysterium, aus schicksal und magie."

*Doch die Zeit öffnet sich wieder. Ganze Berghänge von Zeit
knicken nach allen Seiten weg. Ich tauche auf aus meinem
Traum.*
*Das ist mein Traum. Dieser gehört nur mir. Diesen habe ich
noch niemandem erzählt. Diesen habe ich hinübergerettet
aus dem Früher und ich habe ihn noch immer nicht
ausgeträumt. So denke ich darüber nach, ob es nicht doch
ein ungehöriger Traum sei, dieser, mein Traum von solch
einer Nacht? Und ob ich ihn denn überhaupt aufschreiben
sollte, daß andere einmal ihn zu Gesicht bekommen? Bin ich
vielleicht in den fremden Augen schon zu alt für solch einen
Traum? Bin ich und mein Traum nicht wirklich ein bißchen
verrückt?   Nein. Auszusetzen wäre an solchem Traum
einzig und allein, daß es eine Welt gibt, in die jeder aus
diesem 'All-ein(s)-sein' zurückkehren muß.*
*Zurück in das tagtägliche Leben, welches so ganz rational
die Schleier des Märchenhaften längst in die Truhe ganz
unten geworfen hat! Und diese Truhe steht noch dazu im
hintersten Winkel des Kellers!*

*So liege ich dann noch immer im Gras, den Kopf auf den
Armen und sicherlich bin ich eingeschlafen. Und ich erlebe
alles das, was ich erinnerte, auf eine so intensive Weise, daß
ich beim Erwachen den Druck einer warmen Hand noch in
der meinen fühle, zärtliche Finger über meinem Gesicht und
ich mich suchend nach dieser jungen Frau umsehe,
wehmütig darüber, daß es nur ein TRAUM gewesen.*
*Leis vernehme ich der Quelle Raunen, daß ich, weil ich von
so weit her zu ihr gekommen, auch einen Wunsch frei habe*

im Leben. Und einer Bekräftigung gleich pulsiert der Carneol an meinem Arm, der, eingefaßt in reines Eisen, mich lange schon begleitet:

Komm, Erdenmensch! Nutze den Augenblick, der nie wiederkehren wird. Tritt ins Reich der Anderwelt und flüstere dort Deinen geheimsten Gedanken!

*Und gerade weil unsere heutige Welt, korrumpiert durch Habenwollen, durch Eisen und Stahl, durch geistvolles und geistloses Mit- und Gegeneinander keine **aventure** mehr zulassen will, gerade deshalb trete ich, zögernd freilich, hinein in die überlebensgroße Vagina des Berges und ich finde mich wieder in lichter Dunkelheit, in dunklem Licht.*

Ich finde mich in einem Land, das in der Erde selbst liegt, in das ich dann hinabsteige im Inneren des Berges. Meine blaue Blume wirft zarten Schein an die Wände aus Stein. Schwarze Schatten zerplatzen zu kunterbunten Klangkaskaden.

Die Schritte schlürfen auf glitzerndem, goldenen Kies und hinter prächtigen Pfeilern zeigen sich endlose Weiten wogender Dunkelheit. Warmer Wind weht weich mir entgegen und läßt meine Kleidung sich aufbauschen. Meine vom Morast durchnässten Schuhe sind auf dem Untergrunde plötzlich trocken, die Schritte leicht beim Auf und Ab des Weges. So durchwandere ich auf breiten Pfaden, vorbei an nebligen Nischen, ein wundersames Reich, das bevölkert ist von Wesen aus den Märchen, den Sagen, den Liedern und den Balladen; Wesen aus den Erzählungen der Alten. Der Alten jeder Kultur. Sehnsuchtsvolle Melodien durchwehen die Schwärze. Geheimnisvolles Gehusch wispernder Wesen weht an mein Ohr.

Und alle die Feen, die Trolle und die Hüter des Berges, die mir dort begegnen, die mit mir im Reigen tanzen, mit denen ich unbekannte Lieder singe, so, als kenne ich die Strophen seit der Kindheit; alle die freundlichen Fremden neigen sich mir zu und flüstern, daß ich mir meinen Wunsch erfüllen lasse.

'es soll,' *so wünsche ich dann vor mich hin,* 'es soll für Jede und Jeden solch eine Nacht im Leben geben, an die man sich allzeit erinnert. Solch eine Nacht muß es für jeden Menschen geben. und wer verspürt, daß so eine Nacht kommt und daß diese Nacht **diese eine Nacht ist,** so soll er sie nehmen können und nicht fragen; er/sie soll sie austräumen dürfen und danach mit keinem mehr darüber reden. Denn wenn man sie an sich vorbeiziehen läßt, diese Nacht, so kommt sie vielleicht nie, nie, nie mehr wieder!

Viele haben sie schon heraufkommen gespürt, sie haben sie vorbeiziehen lassen oder vorbeiziehen lassen müssen (!?) und sie haben solch eine Nacht nie wieder geschenkt bekommen! Und diese Vielen trauern leise ewig dem Versäumnis nach. Solch eine Nacht muß sein, wünsche ich. Eine Nacht, in der alles, aber auch alles stimmt:
das Wetter, die Zeit, der Mond und die Sterne, die Stimmung der Seelen, der nächtliche Hügel, das warme Gras und die Lichter und die Orte und die rufende Ferne
- all das alles auf eines zitternden Fingers Schwebe.

Und ich denke dabei an so Vieles und an Jede und an die Jugend und an das Jetzt. War sie schon, diese Nacht?
Und wie ich noch darüber nachsinne, hat mich der Berg wieder nach draußen gebracht. Ich finde mich sitzend am Rande des kühlen Quells. Mein Blick gleitet über Gletscher, Wiesen und Wald.
Alles taucht langsam ein in königlich leuchtendes Abendrot. Auf dieser Farbe des Blutes gleiten zitternd die Kinder der Nacht herauf. Eine Unzahl Sterne glitzert über einem Menschlein, das sich diesem Zauber willig hingibt, da solch ein Schauspiel in der Leute-Welt der staubigen Städte immer seltener aufgeführt wird.

152

"Nun bin ich also hier." *Stille in mir und tausende Meilen von allen und allem entfernt und der Druck der Hand auf meine Finger hat nicht nachgelassen. Ich schaue auf einen Stein aus dem Quell, auf einen runden Kiesel, den ich gedankenverloren drehe und ich frage in die lauschige Nacht:* "wer bin ich? wer bist du? könnte ich wiederkommen? bald? in einem jahr? vielleicht? bist du wirklich wirklich?"
"die sehnsucht," *flüstere ich dann in die weite Stille und schaue irgendwohin in die Ferne, hinweg über die raunenden Wipfel des Tann, vielleicht schaue ich in die Leere, die in mir ist:* "die sehnsucht frißt das fleisch weg unter der haut." *Und die Nacht schweigt still.*
Als ich das alles eben fühle, bin ich wieder eingeschlummert und ich flüstere es träumend.

Im Lichte der aufgehenden Sonne netze ich mir die Augen, den Körper ganz mit dem heiligen Wasser und ich danke der zeitlosen Göttin des Quells. Froh und traurig zugleich, erfüllt und unerfüllt, verlasse ich den Hain auf umgekehrtem Wege. Verlasse den Hort und den Berg. Meinen Pfad finde ich mit Tau bedeckt. Nach einer langen Meile stehe ich still. Eine noch längere Zeit stehe ich so und ich blicke auf meine Spur zurück, welche vom Walde herführt und die ich in das nasse Gras getreten habe. Schon möchte ich wieder bergauf steigen, das wundersame Geschehen noch einmal zu durchleben.

Doch weiß ich es:
Nichts wiederholt sich! So stütze ich nur die Hand auf den knotigen Wanderstab und schaue unverwandt zurück. Ich bin mit meiner Sehnsucht wieder einmal allein.

*Als ich durch die nächsten Flecken und Weiler komme, da
wünsche ich leise allen Menschen den Segen des HERRN
Jesus*
-allen menschen in den katen und häusern dieser orte-
und hoffe, daß alle einen guten Tag haben mögen.

.....

Nicht, dass ich nun vom Wandern müde geworden
wäre. Nein, das Schreiben macht mir zu schaffen. Tinte
und Pergament sind noch zur Genüge da und ich habe
auch noch ein heimliches Depot von Bruder Dominik
gefunden, aus dem ich mich nach und nach bediene. Es
ist die Schreibhand, ehedem meine Schwerthand und es
sind die Augen. Der Lichtstein ist auch nicht mehr das,
was er vor Jahren war. Ja, Ja. Die Fenster meines
Körpers tun sich immer mehr zu. Da kann ich froh sein,
wenn der Geist noch alles so ungefähr auf die Reihe
bringen kann nach all den Jahren. Logisch, dass mir
nicht mehr jede Passage der Heiligen Schrift aus der
Erinnerung korrekt daherkommt und auch nicht mehr
sofort alles, was mich mein druidischer Lehrer gelehrt
hat. Na, Einiges kommt ja immer noch zutage – das
heißt eigentlich richtig – zu nächten. Denn des Nachts
da schreibe ich. Glaube ich jedenfalls, denn in der
morgendlichen Helligkeit finde ich stets ein paar neue

154

Ergüsse auf dem Pergament und ich weiß nicht, ob ich immer so richtig dabei ins Überlegen gekommen bin. Möglicherweise hat auch der Kopf der Hand befohlen und mich selbst haben beide nicht davon unterrichtet. Aber so war es immer mit den Untergebenen, ist der Herr mal nicht im Hause, machen diese, was sie wollen. Doch in der Nacht kreisen die Gedanken ohne mein Zutun durch die Welten. Sie nutzen die Mattigkeit des Körpers, nutzen dessen momentane Schwäche, seine in den Schlaf versunkene Unaufmerksamkeit und treiben sich durch die Zeitläufte, welche wir tagsüber durch Arbeit und Gebet, durch *ora et labora* nicht erwandern können. So auch dieses mal:

Eigentlich ist es immer nur eine Frage der Entäußerung, nicht der Äußerlichkeiten; ist es die Situation, ob man die Möglichkeit hat, zu den Dingen und Gefühle, welche einen bewegen oder auch unbewegt lassen, sich äußern zu können, Dabei soll fein unterschieden sein zwischen den einfachen Dingen des Lebens und denen, die einen so elementar bewegen. Und hier beginnt die Schwierigkeit sich aufzutun für uns. Denn reden, Meinungen äußern zu Allgemeinheiten, das ist schnell getan und oftmals unüberlegt zu jemandem, der einem Freund oder auch fremd sein kann. Das Äußern, welches aus dem tiefen Herzen kommt, welches innere Welten offenlegt, welches Gefühle, Gedanken und Seele offenspricht, dieses Äußern wird jedoch so oft vermieden, daß man schon wieder verrückt werden kann, wenn die Gedanken in sich zu zirkulieren beginnen, sich wie die Katzen selber in den Schwanz beißen; wenn sie sich um sich selbst zu drehen beginnen, weil kein Ausgang da zu sein scheint und oftmals auch keiner ist. Die Kette der Eindrücke wird in unbekannte Teile des

Gehirnes gedrängt. Die Befehle zum Reden, zum Entäußern wollen an die Sprechwerkzeuge gesendet werden, werden gesendet, kommen an. Aber, ja aber! Der Blick dann neben sich sagt, daß niemand hier steht, sitzt, ist, dem diese Eindrücke sprachlich vermittelt werden können. Und somit kehrt der Gedanke ungesagt in sich zurück, blockiert einige kleine Felder des, ach, so großen Gehirnes und denkt sich selbst zu Ende oder zu Anfang, denkt sich selbst zu Ende oder zu, denkt sich selbst zu Ende oder , denkt sich selbst zu Ende, denkt sich selbst zu , denkt sich selbst, denkt sich, denkt, denkt und nach ein paar weiteren Schritten haben andere, neue Eindrücke die ebigen schon überlagert und das hehre Gefühl ist verschollen in der Zeit. Unwiederholbar fast, denn das neue Jetzt hat auch ein neues Sein.

Und wenn man wieder Zuhause angekommen ist, sind viele kleine Schönheiten des Tages ungesagt vergessen; unaufgehoben, weil nicht mitgeteilt. Nur wenn die Gelegenheit ist, schnell noch einige Details des Tages zu notieren, dann hat man wenigstens für sich noch Momente aufheben können, welche vielleicht anders für immer verloren gegangen wären. Aber dieses Aufheben in das Pergament in der Klause ist nur Wieder-Erinnern und ist nur ein Bruchstück vom ganzen Erleben, ein Ausschnitt. Ist unvollständig, wie Ausschnitte eines erlebten Bildes nun einmal sein müssen. Und es erübrigt Zeit, diese Gedanken, die zum Zeitpunkt des Eindringens in die Seele nicht hatten vermittelt werden können, zu ordnen, wieder in die Abläufe zu bringen, in denen sie entstanden sind. Dabei fallen die Fehler nicht mehr ins Gewicht und völlig andere Verkettungen können sich ergeben. Diese aber erkennt dann der Leser in keiner Weise mehr. Denn wir selber beginnen nun die Abläufe zu bestimmen, spinnen Garne der Phantasie zu Netzen, in denen sich Gedanken fangen und ordnen, in denen neu sich Welten aufzubauen beginnen, die wiederum sich ihre eigene Wirklichkeit nicht nehmen lassen. Gerade weil sie neue Wirklichkeiten geworden sind. Manche nennen das Träumen, Phantasieren. Unsere Druiden nannten das Welten-Schaffen.

Diese ganze Kaskade soeben Notiertes begann in meinem Kopf herabzufallen als ich Sonntagnachmittag, auf dem Heimweg vom Kirchlein auf dem Dürrnberg plötzlich stehen blieb, um einen langen Blick über die Landschaft vor mich zu werfen.

Das Rot der Hagebuttensträucher im Vordergrund kontrastierte gegen das Noch-Grün des Hanges, auf dem Wacholderbüsche immergrün die Jahre verbringen, Silberdisteln im Grase hoch sich verstecken. Dahinter streckte sich das dunkle Grün des Tannenwaldes und hinter diesem zog ein breiter goldgelber Streifen Mischwald seine Bahn, abgelöst wiederum vom Braun eines Eichenstriches. Und all das getaucht in das Licht der untergehenden Sonne, die noch immer eine herbstliche Wärme über die Wiesen und Wälder und die verschneiten Berggipfel ausgoß. Dieser Eindruck, der war es, der mich lange über das Äußern- oder Nichtäußernkönnen hatte nachdenken lassen. Gerade deshalb, weil niemand mit mir war, dem ich hätte meine Bewunderung über das Gesehene mitteilen können. So kommt halt eins aus dem anderen, eins zum anderen und das Sinnieren vertreibt einem die Zeit.

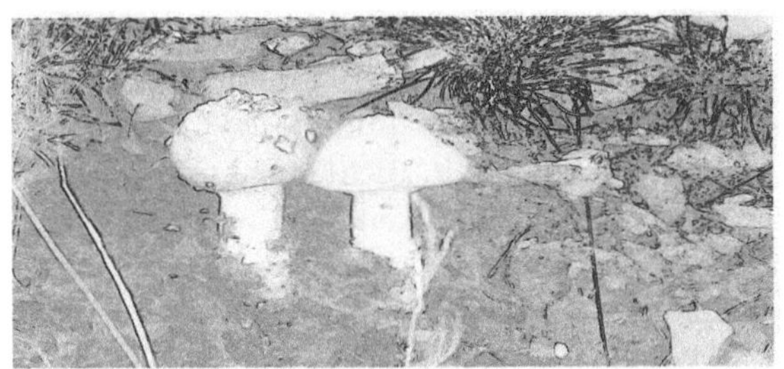

Einige Pilze recken neugierig die Köpfe am Rande des Weges, aber nach ihnen steht mir heute nicht der Sinn. Der alte Wanderweg ist vermatscht durch den tagelangen Regen und ab und an gleitet der Fuß in den Pfützen aus. Das Laub riecht herbstlich, wenn es durch die Schritte aufgeraschelt wird. Es riecht bitter. Es riecht streng. So ist der Geruch des Herbstes. Und es ist der Herbst, trotz seiner wunderbaren Farbigkeit und der Sinnlichkeit, die aus seinen Farben spricht, ein strenger, bitterer Geselle. Schlägt er doch mit seinen Winden und seiner nächtliche Kälte all die herzigen, fingrigen, spitzigen, lanzettlichen und auch die runden Blätter von den Bäumen ab. Er läßt sie naß und kalt werden am Boden und die Bäume kahl und nackend aussehen, so, als ob ihre Äste wie flehende Arme die Wärme des Sommers zurückrufen wollten. Aber er hat, wie heute, auch Mitleid mit allen Wesen. Einige Stunden läßt er die Sonne über der breiten Wiese mitten im Tann stehen. Und hier liegt der Wanderer dann im welkenden Grase und lädt sein inneres Kraftfeld auf unter dem Rauschen des Eichbaumes, dem vereinzelten Singen der Vögel, dem Schelten des Eichelhähers, dem Vorbeisummen einer immer noch mutigen Biene. Und aus der näheren Entfernung grüßt seit Jahren ein Mahnmal der neueren Zeit. Es grüßt der Holzturm des Schöpfrades der Salzzeche unten am

Berg, angetrieben durch die endlosen Schritte eines Tagelöhners; stumpfsinnig immer vorwärts gehend wie der Hamster im Rad und dennoch nie an ein Ziel kommend.

Und so verging mir die Zeit eigentlich ungetan. Der Kopf lüftete aus von den kleinen Anstrengungen der Nacht, von dem Vergeben der ach so einfachen Sünden des Bergvölkchens hier oben nach dem abendlichen Kirchgange. Hinz hatte sich fröhlich mit Kunz getroffen, aber Kunz sich eigentlich mit Hinzens Frau! Und andere menschliche Verfehlungen kamen an mein Ohr.

Doch heute abend trift sich jeder mit jedem oder mit jeder und es wird ein Kommen und ein Gehen sein im kleinen Dorfkrug, und ein Hören und Singen und ein Stampfen der Rhythmen und ein Erkennen und Vergessen der Lieder und Texte und Melodien, wie es schöner wird gar nicht sein können. Daß der Regen einigemal in groben Schauern den Anger leerfegt, wird sicherlich auch dazugehören müssen. Und der Zufall wird es auch hin und wieder wollen, daß sich gerade die treffen, die sich begegnen wollen, ohne sich vorher jemals abgesprochen zu haben. Allein, daß sie zu dieser Nacht unterwegs sind, bringt sie sich näher und näher und es ist eigentlich nur eine lustige Frage der Zeit, wann sie sich über die Wege laufen werden, um sich erstaunt und erfreut und überrascht in die Augen zu schauen. Und zu dem Schauen gesellen sich Worte. Zu den Worten gesellen sich Wünsche, die hinter den Worten unausgesprochen erklingen. Wünsche, die nur in den Augen lesbar sind und die durch Worte nicht hätten ausgedrückt werden können, da die laute Musik der Fiedler und Trommler deren Klang und Sinn verschluckt. So ist das, was hinter den Worten klingt, sicherlich noch deutlicher als alles andere.

Ich aber werde mich die heutige Nacht oben auf dem Dürrnberg in einen Heustadel legen und wieder einmal träumen:

...die Nacht ist so lau und so knapp vor dem vollen Monde, daß eine rastlose Unruhe in mir ist. Aus den Perseiden strömen die Himmelstränen über das Land. Der Wind streift lau über das Gras und die Düfte sind stark und es riecht nach Kindheitstoben und nach Erinnerungen. Es riecht nach erstem zagenden Tasten nach Händen und Gesichtern und Brüstenund Schößen in den Sommern der Jugendzeit, nach Wünschen und Träumen, nach Feldern und Wäldern. Es riecht so, wie es auf dem Hügel gerochen hat in meiner Erzählung 'all das alles auf eines zitternden Fingers Schwebe', als ich den Traum, meinen unschuldigen Traum erzählte. Es riecht nach lebendigem Leben. Die Brust schwillt an, Gedanken an längst vergangen Gedachtes kommen aus der Tiefe hoch, der Mond steht so stille, der Atem wird kurz, die Kehle eng, weil Vergangen, vergangen und nur noch zu erinnern!! Dann nehme ich das Bündel meiner Gedanken, webe einen Faden aus Mondstrahlen darum, knote meine kleinen und meine großen Probleme ganz fest hinein und schneide dann Knoten für Knoten ab. Diese fallen in eine Schale und verbrennen in der Flamme einer geweihten Kerze. Frei! Freiheit unterm Sternenzelt. Das war sicher auch ein Grund dafür, hierher zu gehen. Hierher in die Landschaft, in der vor Tausend Jahren meine Kelten das Salz gepflückt haben; oberirdisch von den Wiesen und aus den Öffnungen unterhalb des Dürrnberges. Hier hatten sie eine ihrer großen Siedlungen, trieben Handel mit den Römern, lebten, liebten, starben und solch ein Keltengrab, das Grab eines Fürsten samt Beigaben wird hier gefunden werden. Das Dorf ist vergangen und die Spuren sind es auch.
Was liegt also näher, so wenige Tage nach dem ersten August, so wenige Tage nach dem 'lugnasad-Fest' der

Kelten, hier den Ritus der Ernte und des Opferns zu vollziehen. Was liegt also näher, als die mitgebrachten Runensteine und die Hölzer und die Gedanken in dieser von Mystik durchströmten Nacht zu weihen. Sternenströme, leise keltische Melodien, warme Winde, offenes Herz, tanzende Schritte, verhaltene Worte, gebende, nehmende Hand, Weg - findung hin zum Eingange der Anderswelt, Rauschen der Blätter der Eberesche, Schutzbaum und Behüter der Träume, hingeflüstert von mir die Wünsche, die Ängste, die Hoffnungen und auch die verlorenen Gedanken. Das ist die Mondnacht, welche die Anstrengung hierher allein schon lohnenswert gemacht hat! Wobei zu bemerken sei, daß hier kein Lohn im eigentlichen Sinne zu erhalten ist. Die Stille, die stille Freude an der Findung meiner Selbst, das Eins-Sein, selbst im All-Ein(s)-Sein, dieser nicht nur gedankliche, nein, auch körperliche Prozeß hat eine befreiende, stärkende Wirkung. Aber viel darf ich davon nicht den Fremden erzählen. Sie sind wie die jungen fraters und novicen, deren Manche eine Sehnsucht in sich spüren, aber aus gesellschaftlichen, rationalen, religiösen und anderen Gründen diese Hürde des 'verrückt' (von: weg rücken von etwas) Werdens nicht überspringen können oder/und wollen. Und es wird beim Bekanntwerden dieser Art nach der Ernsthaftigkeit meines Lebens, meines Arbeitens gefragt. Und manchem erscheint diese Art des Lebens, dieses Erlebens suspekt. Ja, so etwas darf nur der 'phantasiae' geschehen, aber doch nicht in realiter!!!

Dennoch, ihr novices, ihr fraters – ihr allesamt - einmal, einmal nur solltet ihr nach keltischer Sitte in der Morgenfrühe euch aus der taubedeckten, warmen Wiese erheben, die Tautropfen euch von den ersten Sonnenstrahlen fortküssen lassen, falls niemand bei euch ist, der sie euch und dem ihr sie von der Haut küssen könnt. Stellt euch in den kühlen Wind, welcher dem Sonnenaufgange vorausweht und haltet diese Gefühle aus. Dann erst, ja, dann erst, nach dieser gemachten Erfahrung, dann erst hebt erneut euere Stimme zum Hadern mit dieser Art des Denkens und Lebens! Ihr werdet entweder Jünger und Anhänger dieser stillen, leisen Kultur der natürlichen Lebensweise werden oder aber, was ich viel schlimmer fände: ihr bliebet verstockt und hättet freiwillig eure Träume in dem Abtritt des Lebens geschüttet!

Und dann war da noch eine Kleinigkeit am Rande des Weges zurück nach Salzburg, welche zu einer Großartigkeit auswuchs, weil sie mich reicher machte durch Erleben, Erwandern, Erfühlen, ja, auch durch das Erdenken. Es war nur eine kleine Begebenheit am Rande eines Mundloches am Bergwerk, die mich lange Nachdenken ließ über den Sinn von Glauben und Treue und Träumen und Hoffnungen.

Was war geschehen, was hatte ich bemerkt?

Ich sah eine alte Frau, eine wirklich alte Frau am Eingang eines langen Stollens stehen. Auf der Seite hatten die Tunnelbauer einen Bildstock in die Außenwand eingelassen. Wißt ja, was ein Bildstock ist? Und diese alte Frau ordnete frisch mitgebrachte Blumen in die schon vorhandenen Sträuße hinein und sie steht und sie schaut andächtig und sie betet ernsthaft und ich denke, sie wünscht jedem Einfahrenden alles Glück der Welt, auf daß er nicht im Berg stecken bleibe. Im Tunnel seines Lebens!

Und diese kleine Begebenheit am Rande meines Rückweges, diese Begebenheit hat sich tief in mir eingeprägt, so tief, daß andere Eindrücke, vielleicht solche, die man immer und überall in Variationen erleben kann, einfach ausgelöscht sind. Diese Begebenheit ist das Leben.

Es ist das Sorgen um Andere und eine Tiefe des Glaubens an etwas, was sich uns in der heutigen, wirren Zeit oftmals entzieht, für das wir die Ruhe und die Besinnlichkeit nicht mehr aufzubringen gewillt sind. Oder haben wir vergessen (wollen) wie es geht?

162

Also: geben wir uns wieder Mühe, diese kleinen Begebenheiten am Wegesrande zu den großen Erkenntnissen des Zusammenlebens werden zu lassen.
Einer auf christliche, der andere auf keltische Art und Weise.
Und wenn es nur Dieses war. Es war eine schöne kurze Wanderung. Es war eine reiche Wanderung.

Ich glaube, mit diesen Gedanken bin ich aufgewacht unter dem wunderbaren Sternenzelt und ich freue mich schon wieder auf die Welt.

So vergeht die Müdigkeit des Tages und der Nacht im Liegen und sie klingt aus auf der Wiese unter dem Heustadel im Forste auf dem Wege zurück vom Dürrnberg.
Und es ist ein schöner Tag geworden, gerade weil ich ihn niederschreiben kann, ehe dieser in Vergessenheit gerät. Weil ich ihn dann immer wieder für mich zurückrufen kann, wenn ich will.
Und das ist doch auch eine kleine Kunst?

Dennoch fällt es mir jedesmal schwerer die Gedanken zu zügeln, sie auszurichten auf Wichtiges.
Aber was ist heute für mich wichtiger als das Leben, wenn es kürzer und kürzer zu werden beginnt?
Da rennt man, um die vergangenen, manchmal unnütz vertanen Stunden und Tage aufzuholen, dasjenige festzuhalten, was man als haltenswürdig befindet, das man selbst festhalten möchte, wenn es auch für andere verlachungswürdig sein könnte oder sogar verurteilungswürdig. Je nach Sichtweise – aber Sichtweise kommt nicht nur von Art und Weise, sondern auch von weise, wie Weisheit. Und davon hatte ich nicht viel.

Oft schimmert im Kern einer Schwierigkeit das Licht eines kostbaren Juwels. Und darum tut man gut daran, das

Schwierige willkommen zu heißen, es anzunehmen, mit ihm freudig, ja, freudig! umzugehen. Denn nur im Bewältigen der Schwierigkeit erfährt man den eigentlichen Inhalt seines Tuns. So, als wenn man diesen unscheinbaren Stein auf dem Felde, eine Druse, findet, ihn aufschlägt. Und ein wunderbares Schauspiel schillernden Quarzsandes liegt vor uns und erfreut unsere Sinne. Bearbeitet später und geschliffen, spiegelt dieses Innere ganze Welten von Phantasie wider. Aber auch im einfachen Stein birgt sich latent die Möglichkeit der Schönheit; ist Gestalt und Gestaltung in ihm angelegt.

Früher sah ich oft einem Steinmetzen am Rande des Dorfes bei der Arbeit zu, welcher seine Profession für schöne und auch nach traurigen Anlässen ausübte, mit viel Geschick und Einfühlsamkeit. Wenn dieser eine Mauer aufrichtete, wählte er nicht selten einen vollkommen runden Stein. Eigentlich ist ein runder Stein für das Mauerwerk nutzlos, da er sich ja nicht einpassen läßt. Aber mit ein paar gekonnt angebrachten Hammerschlägen wurde dem Stein ein ganz neues Gesicht verliehen. Etwas, was noch vor Minuten formlos und unbrauchbar aussah, fügte sich in die Mauer ein, als sei es eigens dafür geschaffen. Und das war es ja letztendlich auch.

Ich war immer fasziniert von dem Gedanken der Allbeseeltheit, welche sich in vielen Kulturen auffinden läßt. Von dem Gedanken, daß in jedem Steinblock, wie grob und unförmig und ungeschlacht er auch sei, sich eine Figur verberge, welche nur darauf warte, aus ihm befreit zu werden.

Und so haben einige Künstler Werke geschaffen, deren Geschöpfe im unterem Teil sich noch unerkannt im Stein befinden. Denke ich doch, sie sollen die eigentliche Situation der Menschen bis zu ihrem Alter darstellen. Zur Hälfte schon aus dem Gestein erhoben, himmelwärts strebend, befreiend sich. Und doch von der Taille abwärts noch steckend in der stumpfen, ungeformten Materie. So sind wir halt alle ständig auf dem Weg zu unserer Befreiung und können doch die Wurzeln unseres Seins nicht verlieren.

Verhält es sich nicht ebenso mit den Schätzen der Kulturen, der Religionen, des Verstandes und der Intuition? Fast alle Kathedralen christlicher Geisteshaltung sind aufgerichtet auf Grundfesten uralten Kultgutes. Sind vermauert Stein auf Stein mit den, oft noch mit heidnischen Zeichen versehenen Basissteinen und Pfeilern und Kapitellen. Sie sind aufgerichtet auf Felsen, die noch die Symbole der Magna Mater tragen, der uralten Erdgöttin, die in grauer Vorzeit von heidnischen Stämmen verehrt wurde. Auch in unseren Breiten. Kathedralen der Frömmigkeit auf dem Boden heiliger Haine der Quellgöttinen der Völker, auf Stätten, deren Zauber uns heute noch mit Ergriffenheit umfängt. Stätten, an denen wir, wenn wir bereit und willens sind unsere Seele von dieser Heiligkeit umfangen zulassen und klein zu werden und Eins mit dem Unendlichen, wo uns der Hauch der Zeiten wunderbar erschauernd umstreift. Auch hier Zugänge zur Anderwelt?

Hier spüren wir den, hier trifft uns der Kontrast zwischen dem abhebenden Geist und der Fesselung an das Irdische, an unseren Ursprung. Wehe dem, der das verleugnet. Er verleugnet sich selbst, seine Herkunft, sein Jetzt und seine Zukunft!

Und so, wie in den großen, ungeschlachten Steinen das Leben verborgen ist und nur nach der Erlösung hin strebt, so rinnen aus einem kleinen Stein, der mich seit meiner Jugend ständig begleitet, ganze Welten heraus.

Immer dann, wenn ich ihn in meinen Händen drehe, so oft schon schrieb ich es auf; immer dann, wenn ich ins Träumen gerate, formen sich aus diesem Steine...

'....augen von schwer zubeschreibender farbe gewinnen konturen und blicken mich an aus einem gesicht das ich kenne und doch noch nicht kenne und ich lasse mich fallen in diese augen stürze in sie hinein und versinke und versinke und weiß nicht wo ich bin und weiß zugleich daß ich nirgendwo anders sein will als im unerreichbaren grunde dieser augen die jung sind und doch auch alt als blickten sie über jahrhunderte wissens hinweg auf mich hinab und deren blick eine antwort verspricht auf all das was ich noch immer nicht begreifen kann und während ich sinke und sinke und sinke klingt wie eine glocke eine stimme in meinem kopf: „warte nur du alter narr das ist noch längst nicht alles vom leben!"

So nehme ich denn ernüchtert den Stein, der rund und glatt ist, in die Hände: „sieht ja aus wie ein Bachkiesel. Was finde ich nur an diesem Ding? Ein bißchen bunt vielleicht?!"

Doch beim Hochhalten in das Licht der Sonne sehe ich, wie dieses einen Farbenkranz zum Leben erweckt. Anzuschauen fast wie ein Auge, welches mich anblickt.

Guten Augen in freundlichen Gesichtern, denen kann ich nicht widerstehen. Und ein Gesicht hatte, neben den vielen Worten, mich die ganze Zeit fasziniert. So schaue ich in diese Augen und träume und träume mir was zusammen; träume und träume, und wenn ich es jetzt erzählte, könnte man fast glauben, ich hätte in deren lustigen Punkten das ganze Leben sehen können, wie ich es sonst nicht hätte sehen können mit meinem beschränkten Verstande. Was auch kein Wunder ist, bei solchen Augen.

„...sieh' wie die farben zusammenfließen man könnte meinen daß dieser stein lebt ganz warm wird einem wenn man hineinschaut in diesen stein wenn ich hineinschaue in diese augen in diesem gesicht ganz jung sieht es aus es gehört einer jungen frau die zu mir blickt!' --ach vergiß nicht alternder mann! du mußt noch weit laufen und du mußt sicher noch viele umwege machen wie ein einsames tier wirst du durch die welt und die tage traben bis dir endlich wieder jemand dein fell krault --."

Und meine Stimme wird, während ich das vor mich hinspreche, immer leiser und monotoner, so, als spräche ich zu keinem Menschen; merke, daß ich mit mir selber rede, sage das alles vor mich hin und breche, als es mir wirklich zu Bewußtsein kommt, das Reden ab.

Während ich es nun niederschreibe, sehe ich sie vor mir sitzen und - sie ist nicht mehr da!

Und jetzt weiß ich: zwischen den beiden Labyrinthen Gegenwart und Vergangenheit liegt ein drittes, das viel weniger durchschaubar ist und doch viel bedeutender ist als die ersten beiden. Es ist ein Irrgarten der Erinnerung, so vergänglich wie ein Rauchwölkchen oder wie die leisen Geräusche, die man vielleicht in der Nacht zu hören glaubt - ein Irrgarten, den man flüchtig in dem nach Innen gerichteten Blick der Erinnerung in fremden Augen wieder zu erkennen glaubt.

Und ich weiß, ich bin mutterseelenallein in meiner Klause.

Auch wenn ich aus vollem Halse schreien würde, so klänge doch meine Stimme ungehört durch die schwärzeste Weite der Nacht und würde verhallen, ohne je an ein menschliches Ohr zu dringen. Lange schon bin ich durch das Land meiner Gedanken gewandert. Ich habe mir die Sohlen am steinigen Wege aufgeschlissen und mir die Füße wundgelaufen. Und, obwohl mir die Einsamkeit der letzten Jahre immer weniger auszumachen scheint, erkenne ich, daß sich mein Denken immer nach Gesellschaft gesehnt hat - nach Irgendjemandem, oder doch nach Jemandem?, oder nach vollkommen Fremden - so die Leere um mich herum zu betrügen. Und wenn es auch ungewöhnlich klingen mag, ich habe mich mittlerweile an die Gesellschaft meines eigenen Denkens gewöhnt.

Doch auch hier bleibt mir der Stein und dessen phantastische Innenwelt, aus der '...sie heraustritt mit ihrem weichen sanften blick mich für äonenlange bruchteile von sekunden an sich drückt so daß ich vor

freude erschrecke und bevor ich mich von meinem
erstaunen erholen kann schiebt sie mich wieder von
sich fort und überläßt mich meinen wachträumen"
Den Stein nehme ich in beide Hände, schließe sie sanft um
ihn herum, so wie diese sanft SIE umschließen möchten
und ich sage laut zu mir selbst:
"heb' ihn gut auf. solch einen stein zu haben ist wunderbar,
aber doch nicht alles. du hast ja deine nase noch kaum in
das große liebe schöne leben hineingesteckt!"
Und doch habe ich bei diesem Wenigen schon ziemlich viel
Unfug angerichtet! Vielleicht auch mit diesem kleinen
Ausflug in meine Welt der "Steine und der Augen".

....

Warum, oh HERR, ficht mich *apruptimente* so eine
Angst an, fasst mir um das Herz mit kalter Hand und
legt ein eisernes Band um mein Hirn, wallt mir des
Blutes alten, stillen, geruhsamen Lauf so ungestüm in
die Schläfen, daß der Bruder Schlaf mich flieht? Oder
träume ich immer noch?

Um mich herum ist alles so totenstill und nüchtern. Wie
nach diesen venezianischen carnevalis -Fleisch lebe wohl-,
wenn die Straßen noch wüst liegen und von Körpern
dampfen und ein Licht nach dem anderen verlischt, weil der
Tag durch verschwitzte Fenster hineinschielt. Ich bin
wieder einmal allein in meinem Raum und nun reiße ich
mir die der von der Brust, werf mich auf mein Bett und
suche den Traum des Vergessens, suche die Erholung.
Trommeldes Donnern, schepperndes Keuchen, Rasseln aus
teuflischen Tiefen lassen mich aufschrecken, holen mich in
die Welt zurück und ich bemerke, daß das Trommeln mein
Herzschlag ist, der da einherjagt und das Rasseln ist das
Wenige an Luft und die Eisberge, die in meine Haut
gefahren sind, lassen mich erfroren in meine Zudecken mich

168

wickeln, um diese nach wenigen Minuten abzuwerfen, weil
Hitzestürme den Leib zerreißen. Und vielleicht kommt auch
der Schlaf der Erschöpfung, der den Körper ruhen läßt, aber
dem Geiste keine Ruhe gönnt. Und der Geist schafft seine
eigenen Welten.

Unendlich müde nach zahllosen, sorgenvollen, schlaflosen
Nächten trägt mich mein Schritt durch eine von dunklem
Rubinrot erleuchtete Landschaft, wabbernd, konturlos, von
Schemen unsagbarer Art durchwoben.

Dumpfes Tönen machte sich drohend in der Dunkelheit um
mich herum breit, ward Zischen und Rauschen noch ohne
Sinn - einzelne Vokale mischten sich mit Konsonanten,
stellten sich zusammen vor oder verwischten mit diesen zu
Klanggebilden, die für mich noch keinen Inhalt hatten.
Denen ich nachspürte mit weit geöffnetem Hören. Sie
ergaben nichts - ergaben immer noch keinen Sinn. Nur
Klangkaskaden waren es, die in mir Ängste hervorriefen, da
in ihnen etwas war, was ich nur spüren konnte, nicht aber
erkennen, nicht aber deuten. Nur Klang. Klang, der mich
an Gesprochenes erinnerte, damals, vor Tausenden von
Stunden. Damals im... Ja, wo war das doch nur, und mit
wem? Von wem gesprochen? Da war etwas Bekanntes!
„ffferr..." - „zzeeiiii..."

Jede dieser Silben zersprang dröhnend in meinem Kopf,
fügte mir geistigen Schmerz zu, hämmerte sich durch die
Zellen und ließ sie platzen. „ffffer - zzeeiii...".

Tief im Gedankensumpf lag breiig das Wissen verstreut,
daß noch etwas fehle, daß das „fer-zeii..." unvollständig
war, noch ein Teil irgenwo in der Dunkelheit lauere! Der
Teil, der die Auflösung des Großen Rätsels erst möglich
machen könnte. Ich streckte meine Gedanken aus wie eine
greifende Hand. Ich fasste Töne, stellte sie in die richtige
Folge und begriff zwar noch nicht ihr Geheiß, doch immer
klarer formten sich im Geiste die Abfolgen. Sie gerannen zu
Gebilden, die ich nicht vernehmen, plötzlich aber lesen
konnte. Lesen, als seien sie geschrieben mit fragender Hand,

gerichtet an mich, an meinen, damals noch den Inhalt begreifenden Geist. Damals.

Wann war das nur? Wo? Wer? Und mit plötzlich aufgrollenden Donnerschlägen stand, wie das „Menetekel" an der Wand des Palastes des babylonischen Königs Nebukadnezar, die Frage in all ihrer vernichtenden Deutlichkeit vor meinem geschlossenen Augen:

„Ver – zei - hen?"

Jetzt, aber erst jetzt explodierten Sonnen der Erinnernerung hinter meiner Stirn und am dunkelsten Firmament glitzerte die, irgendwann und irgendwo, vonirgendjemandem gestellte Frage in ihrer erschreckenden Klarheit auf:

"Wem hast du noch zu verzeihen?

Und auch eine andere Frage kam noch hoch:

"Wen mußt du noch um Vergebung bitten?

Das war es, was das dunkle Rauschen mich hatte fragen wollen und worauf ich bemüht war, eine, meine Antwort zu finden. Und das Dunkel begann sich langsam, schneller und schneller werdend, im Kreis zu drehen und verzerrte sich zu immer seltsameren Mustern. Eine grellrote Spirale berührte Ränder, die es nicht gab. Strahlen brachen aus diesen hervor und versengten mein Hirn. Sie brannten heiß in die Haut. Das Ohr, der Körper lagen nackt und ungeschützt auf einem harten Stoff und die Hitze stach mit glühenden Nadeln meine Augen leer. Dunkelheit. Rundum Schwarz, wie es tiefer und schreiender nicht sein konnte und es fiel auf mich nieder, zerdrückte mich und zerrte mich an sich mit gnadenloser Weichheit.

Trostlosigkeit und Schmerz. Tief verschreckt, wehrlos und dennoch fasziniert, sah ich zu, wie der Rand des Geschehens sich einengte, sich zu einem Trichter gestaltete, in den hinein dieses dunkle Rauschen eingesogen wurde, wirbelte; verwirbelte in immer ferner sich auftuende Tiefen und welches dann zersprang zu einem lautlosen Schrei aus

170

einem schrecklich grinsenden Munde inmitten eines Totenschädels. Auch dieser wieder zersplitterte in unendliche Teile, welche alles Weit der Welt auszufüllen schienen und keine Begrenzung zuließen. Und all das sinterte erneut zu einem schwebenden Schimmer, der allmählich die Umrisse einer menschlichen Gestalt annahm. Größer und größer wurde das Gesicht. Ein unheimlicher, grotesker, infernalisch geöffneter Mund hauchte ein Wort, einen Namen, den ich als Kind in meinen Fieberträumen nur einigemale hatte vernehmen müssen. Mein wahrer Name zerstob zu Myriaden von gleißenden Sternen, mein Geheimnis vor der Welt verriss in die schrecklichen Silben: „Man-nan-non-niii".

Starr und steif, keiner Regung des Körpers und des Geistes fähig, erkannte ich, daß dies gar kein Mund war, sondern ein scheußliches, gähnendes Tor, welches in eine undurchdringliche Schwärze führte. Am Ende dieser unermeßlichen dunklen Höhle brannte Feuer; in gewaltigen, blutroten Säulen schossen die Flammen empor. Menschen waren in diesen Flammenzungen eingefangen; ihre Körper wanden sich und krümmten sich in der grotesken Pantomime gräulichen Schmerzes und ich erkannte mich am Rande dieses Tores stehend. Kraftlos! Ängstlich und verwirrt.

Und jetzt erst, jetzt endlich spürte ich das Weh', die unsäglichen Schmerzen des Brennens und des Allein- und Hilflos - Seins, die Ohnmacht der Verhaftung in dieser Grotte. Voller Entsetzen wehrte ich mich gegen den Sog des Trichters, riß die Hände dem Dunkel entgegen, es abzuwehren. Plötzlich verlor ich den Boden unter meinen Füßen und ich stürzte und stürzte, genau auf das klaffende Tor zu, stürzte in den Mund der grauenhaften Maske.

*Und als ich begriffen hatte, **ich war in der Hölle**, da schrie ich, wie ich noch **nie in meinem Leben geschrien hatte**. Schrie, daß die Welten widerhallten, Doch die verderbliche Stille sog mein Schreien auf. Grabesruhe um mich herum.*

Ich war in der Hölle meines Traumes gefangen, lag auf vom kalten Nachtschweiß zerwühlten Laken und tastete mich langsam, ganz langsam wieder zu mir selbst zurück. Meine Glieder wurden von Armeen von Ameisen durchkrochen und vor den angstvoll aufgerissenen Augen spannte sich die Decke des Zimmers zu einem Himmel auf, den ich nicht mehr zu sehen gehofft hatte.

Die unmittelbare Gefahr war gebannt!

Ich bin wieder in meiner Klause, bin wieder bei mir selbst, kniee im Gebet auf meinem harten Binsenlager und mit einem tiefen Seufzer der Erleichterung sinke ich erneut in die Arme des Schlafes, in ein weiteres Traumgeschehen hinein.

Lichter Schein umhüllt mich. Weißlicher Nebel verzerrt die Konturen der mich umgebenden Einrichtung - ich müßte wieder einmal die Bücher aufräumen, kommt mir unvermittelt in den Sinn - das Gleißen treibt mir Tränen in die Augen, macht mich blind für die ‚Gegenwart. Ich bin wieder im Irgendwo.

172

Im Nirgendwo? Noch immer zittern meine Glieder und auch meine Seele in der Angst des vorherigen Erlebens. Wo bin ich jetzt? Wer bin ich im Moment? Wo? Wann? Wer?

Ich mache auf mich den Eindruck eines Menschen, dem es bestimmt ist, stets das zu begehren, was er nicht bekommen kann und der doch immer den steinigsten Weg für sich wählt. Und ich beschließe, für diesen Menschen, wie auch für alle anderen traurigen und verängstigten Seelen, die allein ihre Straßen ziehen müssen, irgendwann einmal, falls ich je aus diesen alles vernichtenden Träumen aufwachen würde, zu beten.

Weit vor mir scheinen sich in dem helllichten Nebel Gestalten zu formen. Gestalten, die meiner Seele zugewunken hatten vor langer Zeit und derem Leuchten ich nachgegangen war bis an ein bitteres Ende. Ströme von Zauber und Ströme von Energien waren geflossen, so meine Erinnerung, bis die Schönheit des Ganzen durch die schwärzliche Säure meines Denkens und Handelns verbrannt war. Verbrannt und verätzt zu solch soeben erlebten schwarzen Träumen, die mich in Angst und Verlassenheit aufwachen lassen - oder war ich noch gar nicht aufgewacht?

Erwartungsfroh sehe ich in die klaren Augen und auf das goldblonde, das brünette, das schwarze und auch braune Haar der Wesen, welche mich an irgendjemanden aus meinem früheren Leben erinnern, damals, bevor diese Flammen mein Gedächtnis versengt hatten, und ich rufe nach diesen Wesen und ich strecke ihnen die Arme entgegen. Mühsam schwimme ich gegen den Strom, der mich wieder in die bekannte Schwärze ziehen will. Ich bewege mich durch eine zähe Flüssigkeit auf diese Wesenheiten zu, will nach ihren Händen greifen, doch meine Kraft reicht nicht aus. Die Wirbel reissen mich tief in das entsetzliche Erinnern hinein.

Hatte ich sie doch damals nicht verletzen wollen. Doch gerade das war mir mit Bravour gelungen. Und mit welcher Gründlichkeit hatte ich das immer wieder gekonnt!

Und nie Gedachtes steht vor mir auf: 'Ich glaubte Du liebst mich. Offensichtlich war das ein Irrtum. Verzeih mir, ich werde Dich nie wieder belästigen!' So sagte ich jedesmal und ich ging auf die Portale der weißen Himmel zu.

Gepackt von blindem, törichtem Stolz drehte ich mich manchesmal auch um und schritt dann steif durch die Pforte - und fiel hinaus in die erneut um mich zusammenschlagende, schrille Dunkelheit.

Es scheint mein Schicksal zu sein, immer wieder Abschied nehmen zu müssen von Menschen, die ich liebe. Aber das ist wahrscheinlich der Preis für das seltsame Leben, für welches ich mich entschieden hatte, das mir gegeben war. Ich hatte den Weg mit offenen Augen beschritten und war mir auch der Folgen bewußt gewesen. Mir ist, als duldete es mich in keinem Herzen, an keinem Ort. Auch am schönsten nicht. Wenn ich nur denke, daß anderwärts, weit von hier, die Sonne über fremde Berge scheint, dann muss ich fort, dann möchte ich Wochen und Monate laufen, als hätte ich Eile und suchte doch nichts in der Welt. Und es bringt immer wieder den Schmerz mit sich. Aber dieser Schmerz kann ja mit der Zeit verklingen.

Verklingen in der Zeit zu einem immer stiller werdenden Lied, dessen Text auch nach und nach in mir in Vergessenheit geraten würde.

Allmählich glätten sich die Wogen meiner Gefühle, ich schwimme wieder in ruhigeren Gefilden und kann nun darüber nachdenken, was geschehen ist: Ich bin ihnen allen gegenüber schrecklich ungerecht gewesen, so erklärte ich mir das.

Welche verzweifelte Regung hatte mich dazu getrieben? Gab es überhaupt solch etwas Schreckliches auf dieser Welt, als daß ich helfende, Trost und Liebe spendende Hände und Körper so unüberlegt von mir weisen konnte?

174

Virgil hat recht: 'Die Liebe ist eine Krankheit. Sie verändert die Menschen und bewirkt, daß sie sich eigenartig und gegen alle Vernunft verhalten.'

Darum also, darum verspüre ich diese unheilvolle, schmerzende Leere in mir.

Leise verschieben sich die Dunkelheiten und sie werden durchwoben von immer heller werdenden Schleiern silbernen Lichtes. Freude quillt auf in mir und verdeckt die Abgründe, die unter mir sich noch erstrecken, nach mir greifen. Und aus der tiefer werdenden Freude nehme ich die Kraft, mich über das Firmament zu legen, auf ihm auszuruhen, auf ihm zu schweben, da es mich schon trägt.

Ich denke an sie alle und wie sehr wir glücklich gewesen. Ich sehe sie alle - wie ihre grau-grün-blau-braunen Augen vor Fröhlichkeit funkelten und wie sie alle bei ihrem herzhaften Lachen den Kopf in den Nacken warfen.

'Wie seltsam die Liebe sein kann', geht es mir durch den Kopf. 'Da sieht man einen Menschen viele tausende Minuten nicht; man gewöhnt sich innerlich an den Gedanken, ihn verloren zu haben, ihm entfremdet zu sein, man versöhnt sich mit dem selbstgewählten Schicksal - und dann, in einem einzigen, unbewachten Augenblick, steigen die Erinnerungen wieder auf und der Schmerz kehrt zurück, so rauh und so scharf wie eine frische Wunde.'

Und die hellen Nebel weben so Vieles von gemeinsam Erlebtem zu einem silbernen Tuch zusammen, auf dem ich nun liege, warm und eingehüllt in gute Gedanken. Meine Hände bewegen sich, als wollten sie dieses Tuch zusammenraffen, es über die Zeit werfen, um all das aufzuhalten, was geschehen; es Ungeschehen machen zu wollen. Und ich sehe ein lockendes Licht in diesem Dunst. Ich eile darauf zu und glaube, an einem mir bekannten Orte aus der Dunkelheit aufzutauchen, fined mich auf einer sonnenüberfluteten Lichtung wieder. Gräser, Farne, Blumen ringsum und heilige Stille. Da breche ich eine hohe rotblühende Staude und breche grüne Blätter, ordne sie zu

einem Strauß und sage laut: „Farn und roter Fingerhut -
Ich hab' Euch ja sonst kaum was zu geben. Digitalis. Wild!
Fieberrot! Giftig! Heilsam auch..!" und süß und bitter
steigt es aus meiner Kehle auf wie Schluchzen!

Es gibt wahrscheinlich in jedem Leben solch eine Zeit, da
sieht man weit, weit vor sich die glatte Bahn, die zu
erreichen es gilt. Doch davor türmen sich Felsen, gähnen
Abgründe und man hofft von ganzem Herzen, daß es
gelänge.   Und man hofft dabei auf das Glück des
Märchenprinzen oder auf das Glück der Spatzen auf dem
Mist. Es währt ja nie lange!!!

Nun erst geben die Wolken meinen Geist frei. Ich erwache
aus meinen Träumen mit einem unfaßbaren Gefühl innerer
Zerrissenheit. Das Zelle, die Bücherwand, die Nacht selber,
erstrahlen in wundervoll leuchtenden Farben vor meinen
Augen, wie die Fäden eines riesigen Wandteppichs, dessen
Muster ich allein nur zu erkennen vermag.

Noch einmal denke ich an sie alle, bis dieses Denken die
Leere in meinem Innersten ausfüllt. Ich bade in strahlendem
Licht.

Glaube und Zweifel, Wille und Verlangen, Herz und
Verstand - endlich, am Ende dieses Weges erkenne ich, daß
dies alles eins ist und das dieses Eine nur immer wieder die
alles umfassene, die vernichtende, die rettende, die tötende
und die wiedererweckende, die böse wie die gute Liebe ist,
die alle Leben durchzieht.

Dieses ist die wahre Bedeutung von **„Verzeihen und
Vergeben!"**

Das Leuchten wird stärker. Lächelnd gehe ich darauf zu,
während die Lichter und Laute des irdischen Tages heller
und voller werden und schließlich übergehen in den neuen
Tag. So, wie die Morgenröte leise über die Berge und in die
Herzen kommt.

Durch die geschlossenen Lider sehe ich alle meine Lieben
langsam auf mich zukommen. Sie treten vor mich hin und
sie legen ihre kühlen, starken Hände auf mein glühendes

Gesicht. „Wie nennt man Dich?" fragen sie und ich nenne meinen Wahr-Namen. „Das ist ja ein Klein-Jungen Name! Und ein Bub bist Du ja auch, trotz Deiner vielen grauen Haare und Deinen frechen Falten. Du bist ein Kind noch! Du solltest jemanden haben, der Dich bei Deinem richtigen Namen nennt.!"

Als ich diesen Klang begreife, öffne ich erleichtert die Augen und wache endlich, erschöpft, aber auch unermeßlich froh, aus meinem Traume auf.

Und nun werde ich allen vergeben, die mir irgendeinmal Ungutes antrugen und ich werde alle, die ich noch erreichen kann, um Vergebung bitten, für das, was ich ihnen angetan habe – wissentlich oder auch unwissentlich. Auch werde ich sie fragen, ob sie mich wieder annehmen wollen, jetzt, nachdem sie wissen, wie ich mich geschunden habe, wie ich gebeutelt worden bin von der Welt und von meinem eigenen Ich.

Denn was weiter ist denn der Traum, als die Fortsetzung des Gespräches mit sich selbst, das Geschehenmachen und auch das Ungeschehenmachenwollen in den eigenen Gedanken. Das wissen nur die Eingeweihten, die Adepten der fragenden Künste, die Erschaffer der unwirklichen Wirklichkeiten aus dem Sehnen und Hoffen heraus, die Schöpfer phantastischer Welten und anderer Seins.

Aber diese wissen es ganz gewiß.

Denn in ihren einfachen Seelen steht die Wahrheit schlicht und tief geschrieben, daß die Kunst des Lebens im Leidenlernen und im Lächelnlernen besteht. Daß das Nehmen und das Geben, das Verlangen und das Entsagen, daß alles das auch zu den Worten „Verzeihen und Vergeben" gehört.

......

Nun ist es also schon wieder ein neuer Morgen geworden. Vor dem Fenster balgen sich die Vögel um das Futter, welches ich ihnen zwischen die Rosenbüsche gestreut habe und im Osten lugt die Sonne schon über die Berge, bettet sie in goldroten Schein, ruft mich zu sich auf eine weitere Wanderschaft durch die Haine meiner keltischen Vorfahren hier in diesem Landstrich. Doch die Beine! Die Beine und der Wein. Die Füße wollen nicht mehr so richtig und der Wein bestätigt immer wieder kameradschaftlich ihre Klagen. Bleibt mir nur das Verweilen hier im Konvent unter geweihtem Dache und das weitere Stöbern in den Bündeln alter Pergamente. Aber dieses versöhnt.

Versöhnen möchte ich mich auch mit meinen Kindern, denen ich seit vielen Jahren keinerlei gesittete Aufwartung mehr habe machen können. Wer weiß, wo immer in der Welt sie sich aufhalten. Es ist halt so in meiner Zeit, daß, einmal voneinander getrennt, es kaum noch Möglichkeiten gibt, sich jemals wieder zu sehen.

Die Kinder! Ja, sie kamen so, wie der Wind die kostbaren Samen in fruchtbare Erde fallen läßt und sie wuchsen unter der fröhlichen Sonne meiner keltischen Heimat zu wunderbaren menschlichen Geschöpfen heran, voller Klugheit, voller Ehrbarkeit und voller Schönheit auch. Doch ich – um weiterzuziehen meines Pfades – ich versäumte nach erster Hilfe das weitere Gedeihen zu begleiten. Ausgerissen bin ich in die Wüsten der Zeit mit dem Winde und mit den Irrwinden, die mich dann auch auf Wege und Irrwege getrieben haben.

Versäumnisse? Heute weiß`ich es. Versäumnisse!

Und auch hier die Bitte um Vergebung aus meinem Albtraum!

Doch steht tröstend das Wort des HERRN Jesus mir zur Seite: "Sehet die Vögel unter dem Himmel...." und dennoch fühle ich heute eine tiefe Schuld in mir – Heute!

Heute, wo Meilen, Länder, Königreiche zwischen uns liegen und ich keine Nachricht von ihnen habe und auch keine bekommen kann, da fast niemand von meinem Aufenthalte hier Kenntnis hat. So sollen die Gedanken auf eine Reise in die Lande Unbekannt geschickt werden, ohne daß es der Obere oder der Abt erfahren, denn jungfräulich bin ich alter Kerl nicht hinter die Mauern dieses Klosters gekommen.

So bin ich also bei der verordneten "Jungfräulichkeit" angelangt!

Auch ein mächtiger Spagat in der Auffassung der Obrigkeit in Rom, in den Auffassungen von Antonius, von Celestin und manch anderem Oberhirten, mit welchem sie sich heute und sicher auch noch in hunderten von Jahren beschäftigen werden müssen.

Steht doch in der Heiligen Schrift im Hebräischen das Wort *alma*, "...aus einer *jungen Frau* geboren." Und nicht wie in der griechischen Übersetzung, *parthenos* "...aus einer *Jungfrau*."

Da ist wohl doch ein kleiner oder doch großer Unterschied.

Aber einige der strengen Asketen, der Leibesverleugner, der Nichtficker, der Angsthasen und der Komplexbehafteten vor dem weiblichen Geschlecht konnten ja nicht zulassen, daß ein mit der Erbsünde der EVA behaftetes einfaches Weib den Gottessohn geboren hat. Dazu haben sie auch noch der Anna, Marias leiblicher Mutter, eine „unbefleckte Empfängnis" gemacht, damit Maria ja ohne die Erbsünde auf die Welt kommen konnte. (Mein GOTT, was würdest DU wohl zu solchen Verbiegungen sagen?)

Dann haben diese Geisteskünstler das griechische Wort *Jungfrau* favorisiert und damit den "Makel" des Geschlechtsverkehres von der Mutter des HERRN Jesu nehmen wollen. Wie hat sie denn dann den Jacobus und die anderen Brüder Jesu erhalten?

Ja, die Jungfräulichkeit und der nachfolgende Affront gegen das Weibliche, das Sündhafte, das Körperliche, das Teuflische, die Erbsünde – das ist ihr Problem! Heute und über viele Jahrhunderte noch hinaus. Und sie wanden sich und sie winden sich noch immer, wobei ich glaube, daß man die *parthenogenese*, die "Jungfrauen-Zeugung" durch Maria irgendwann einmal zum Dogma erheben wird.

Die Askese und die Reinheit, die Enthaltsamkeit im Körperlichen durch Männer und durch Weibeln geübt, ist ja eine unbestritten große und hohe geistige und auch körperliche Leistung. Aber muß diese Kraft denn aufgebracht werden? Nützt das irgendwem? Um sich mit großen Philosophen und Denkern aller Länder zu vergleichen könnte es schon wichtig sein. Aber als Hirte seiner Herde sollte jeder aber auch die Freuden, nicht nur die Leiden seiner Schafe selber kennen und die Versuchungen daraus auch. Dieses Auszuhalten, dieses zeugt von großer Stärke, doch nicht das Pimmel-abschneiden des Origenes, damit er nicht in Versuchung käme. Armer Hund! (Komisch ist es schon: Immer der Origenes, den man bei diesem Anlaß zitiert. Sicher gab es auch noch andere!)

Hat denn der HERR Jesus so etwas oder das umsichgreifende Eremitentum, das Kasteien des Körpers bis aufs Blut oder das Verweigern der Nahrung bis zum Hungertode und andere solche Schrecklichkeiten überhaupt gewollt?

Ich behaupte: NEIN!

Er predigte das Leben, also liebte er es auch in dessen ganzer Fülle. Und er küßte Maria-Magdala. Ja! Er küßte sie – aber das steht nicht in den kanonisierten Evangelien, und wenn, dann nur als zufällige Randbemerkung. Dieses zu wissen, muß man schon Zugriff auf heimlich in den Klöstern noch kursierende Evangelien anderer Jünger, wie des Thomas oder des Jacobus, haben.

Heimlich und versteckt nur kann man sie lesen und mit niemandem darüber reden. Ich wüßte keinen hier im Konvent, mit dem ich ohne Gefahr mein Wissen teilen dürfte. Und wenn Antonius und andere Verklemmte, die nie oder fast nie, oder sogar diejenigen, welche nach völliger Übersättigung in ihrem bisherigen unkeuschen Leben die Freuden der körperlichen Vereinigung zweier Menschen in Liebe – und damit mein ich Mann und Frau (von Adam und Eva) kennengelernt haben und sie dennoch, vielleicht gerade deshalb diese so verdammen, dann behaupte ich, daß das volle Leben an diesen Herren vorbei lief. Und ein Blinder sollte, weiß GOTT! doch nicht über die Farbe des Morgenrotes und des Abendhimmels befinden! *item!*

Ja - ich habe gelebt, habe geliebt, gehurt auch (in Ehren HERR). Heute kann ich das dem Pergament

anvertrauen – ich habe gelebt wie meine Vorfahren
und vieles über das Leben meiner keltischen
Vorfahren habe ich hier aufgeschrieben, daß es nicht
in die Vergessenheit geraten muß. Und von all dem
bereue ich Nichts!
Auch wenn ich mich im Labyrinthe meines Lebens
oftmals und lange verlaufen habe.

*Irrgarten, so unser Wort für die jahrtausendealte Verirrung,
Verwirrung, der sich wiewohl im minoischen Kreta (ganz
berühmt wegen des Minotaurus), im ägyptischen Hawara
zu Zeiten des Pharao Amenemhet und auch, kaum glaubt es
jemand, überall hier in den Landen findet. Und da vor allem
auf den britischen Inseln. Aber höret und staunet, auch hier
in der Nähe in deutschen Landen Ringheiligtümer,
Rasenlabyrinthe. Auch kommen uns Labyrinthe entgegen in
Ornamenten, auf Talismanen zum magischen Schutze. Sie
sind eingemeißelt in die Felsen der Vorzeit und eingemeißelt
in die Gedächtnisse der Heutigen; derer, die sich trauen,
über die Labyrinthe, über das Labyrinth 'Leben'
nachzudenken. Ob allein oder in Gemeinsamkeit, das ist
fürderhin egal. Überall in den Kulturen finden sie sich, die
Labyrinthe. Oftmals als magische Variante, falsches
Verhalten in Bahnen zu lenken, welches sich im Kreise dann
in sich selbst zurückführt und am Ende sich selbst in sich
selbst vernichtet, da es nur an einem Punkte, ohne Umkehr,
ankommt. Dann ist das Vorhaben geglückt!*

Oder aber es ist ein Lauflabyrinth; ist eine kultische Handlung, in welcher die Wege der Altvorderen durchschritten, durchlaufen werden. Dabei wird Kraft gesammelt aus der Kraft derer, welche vor uns dort gelaufen sind und die ihre Kraft, ihr Sehen, ihre Wünsche und ihr Träumen und Hoffen, ihr Sehnen in die Schritte des Körpers haben hineingelegt. Und welche arg verwirrt und glücklich waren, aus dem Irrgarten ihres Lebens, in Analogie gesehen, herausgefunden zu haben. Wo wir auch immer auf Labyrinthe stossen werden: sie sind stets Ausdruck oder Symbolik der Undurchdringlichkeit oder/und des Gefangengenommenseins. Das darfst Du, lieber Leser, auch wörtlich nehmen, denn jeder, der einen solchen Irrgarten betritt, sich in ihm befindet, selbst wenn er ihn aus seinen geistigen Vorstellungen zu Papier oder sogar mit farbigem Wachs auf einen Untergrund bringen will; jeder, der das versucht, der ist verloren!

Wer in das Labyrinth einzudringen versucht, es zu beschreiben, zu skizzierren, zu verifizieren versucht, ist verloren! ist verwirrt durch die Vielzahl der Irrwege.

Nur auf der magischen Ebene kann man die Geister, das Böse, im Labyrinth in die Falle locken. Im Leben verlaufen wir uns selber und schreien um Hilfe. Wenn doch jemand außer uns nur da wäre zu hören! Aber die Wände zwischen den einzelnen Gängen sind so hoch und so undurchlässig, daß unser Rufen nur auf uns selber zurückfällt und unser Hoffen auf Befreiung fast zunichte macht.

Und unser Kinderspiel, das wir „Himmel und Hölle" nannten, dieses Kinderspiel ist nichts weiter als eine Variante des Labyrinthes. Denn es ging darum, keine Trennungslinie zu überschreiten und keinesfalls Verbotenes zu berühren. Es ging darum, Böses zu überspringen und Heilendes, Heiliges aufzusuchen!, dort zu ruhen, um dann, im Nachvollziehen des Musters, alte, vergessene Rituale zu zelebrieren, deren Inhalt heute nur noch geahnt werden kann von uns. Es sind die zwölf Felder des Hüpfekästchens unserer Kindheit sicherlich eine Nachvollziehung der Monate des Jahres.

Und so kam mir, ohne daß sie es ihm gesagt hatte, bei der Betrachtung eines ihrer Bilder, gehalten in breites Grün und Gelb, vermischt mit Schwarz und anderen, weicheren Farben, der Gedanke an ein Labyrinth. Gerade darum, weil am mittleren Rande, auf einer dunklen Geraden, welche einem Wege glich, der in eine Höhle ungeahnten Ausmaßes führte, ich eine kleine Gestalt wandeln sah, welche mich an 'Merlin' erinnerte. Und ich sagte ihr das und ich sagte ihr, was ich empfinde. Ich sagte ihr, daß hier ein Mensch, ein Merlin, ein Wesen, in die Tiefe des Lebens, des Berges, eines Labyrinthes ginge. Und ich verglich diese Situation mit dem Leben selbst, welches in ungeahnten, unerwähnten oft, also unverstandenen Bahnen von Hellen ins Dunkle und auch von Dunklen ins Helle eventuell wieder ginge.

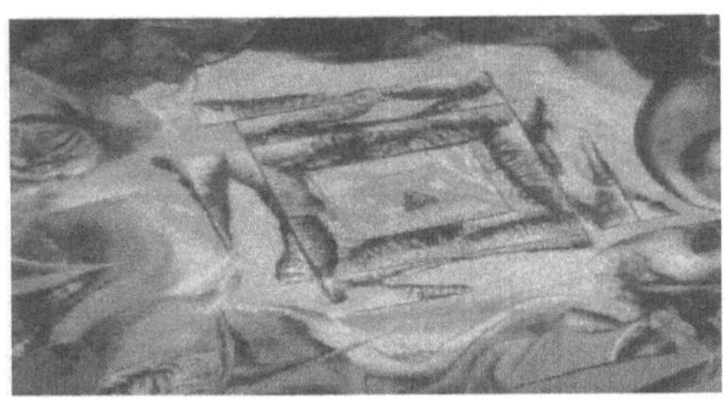

Ja, so war ihre Intention. „ Ja, ursprünglich wollte ich ein Labyrinth schaffen, aber danach, nach einem Gespräch mit einem Jäger, welcher impulsiv und enthusiastisch über seine Jagd und über seine Gefühle bei der Jagd mir berichtet hat, ja, danach ist plötzlich dieses Bildnis entstanden."

Und in diesem ihrem Bildnis sind aufgehoben die Farben des Lebens, der Natur, die Farben des Seins an Sich und auch die Strukturen der Härte der Jagd und letztendlich des Todes, des Tötens bei der Jagd! Sind aufgehoben die spitzen Formen der Todesinstrumente und die Ecken und Kanten, die das

184

Gejagte und den Jagenden einen, sie zueinander führen, und die es eigentlich gar nicht zulassen, daß Jäger und Gejagtes einen Unterschied bilden, einen Unterschied ausmachen. Denn wer im Leben ist denn schon das Wild? Wer ist denn der Wilderer? Wer ist der Jäger, wer der/das Gejagte?

Ist nicht manchesmal der Jäger der von sich und durch sich selbst Gejagte? Ist er nicht der, welcher im Jagen sein Selbst findet, in dem Augenblick, wenn das gejagte Wild von ihm ist getötet? Tötet er nicht sich Selbst? Tötet er nicht in diesem Augenblick ganz bewußt sein Streben, sein Sehnen nach WerWeisWas! Denn im Akt der Vollendung (!) seines Tuns vollendet er einen Zyklus des Lebens, eines fremden Lebens oder/und auch seines eigenen Lebens. Und was das Schlimmste dabei ist: der Jagende bemerkt dabei nicht einmal, daß er in dem Augenblick, in welchem er die Jagd durch den Pfeil, den Schnitt, den Stich tödlich vollendet, er auch einen Wunsch, ein Ziel seines Lebens vollendet! Und er vollendet auch in der Zeit. Denn dieser Moment wird weder der Zeit noch dem Ort nach wieder kommen. Dieser Akt ist ein für allemal vollendet!.

So macht es doch für den Wissenden kaum einen Unterschied, wenn er die Labyrinthe und auch die Jagden miteinander ins Gleichnis setzt!

Was bleibt denn im Geiste der Nachfahren (falls es diese von uns überhaupt gibt) von unserem eigenen Labyrinthe, von unserem eigenen Jagen? Ganze Geschlechter, Königshäuser, ganze Reiche sind dahingerafft, haben sich ausgelebt in den Weiten der Zeit, haben gejagt; das Wild wie auch den Menschen und haben dem Gelde, dem Golde und auch dem Glück nachgejagt. Was bleibt also im Geiste der Nachfahren von uns übrig? Was also bleibt?

Mag auch unser Blut wie Wolkenhauch gewesen sein, unsere Knochen wie Kranichfedern, unsere Lungen wie ein Aufbäumen der Wolken über dem Horizonte und unsere Füße wie Flossen, das Wasser des Flusses Lethe zu *durchschnellen wie ein Delphin. Mag unsere Kraft der des Auerochsen und des kräftigen Wildschweines gleich gewesen und unser schöpferischer Geist in die Nähe des Göttlichen gekommen sein. Was bleibt also?*

Es bleibt die andächtige Ahnung und Achtung vor gelebtem Leben!

Und wenn unser Leben so schwer und doch wunderbar gewesen ist, dann vor allem, weil wir Freude gehabt haben an ihm, in ihm; auch weil wir Freunde gehabt haben. Weil wir an die Liebe geglaubt haben und diese empfangen haben, verdient oder auch unverdient. Und daß wir diese Liebe haben kosten können, solange wir noch jung und begehrenswert uns fühlten. Wir waren ja im Labyrinthe des Lebens auf der Jagd!

Und hier liegt eigentlich der Urquell der oben angeführten, wenn nicht auch in Vollständigkeit ausgeführten Frage: Labyrinth oder Jagd....?

Und ihre Bilder sind wunderschön und ich fände für jedes einen Text aus meinem Leben.

....

Nun ja, alter Knabe. So sagte ich in mancher kurzen Stunde zu mir selbst, da bist also durch die Nebel der Zeiten gewandelt nimmermüden Sinnes und hast dem Federkiel deine geheimsten Träume und geheimsten Empfindungen anvertraut, hast Nächte durchwacht im tiefen Sein deiner und anderer Menschen Vorfahren. Und dabei hast du manche Messe, manche Zeit des Gebetes versäumt; hast gesessen und gefroren und geschwitzt hast du auch beim Drechseln der Worte zu Sätzen, damit diese einen Sinn machen, vielleicht sogar die Farben der beschriebenen Zeiten zum Leuchten gebracht und deren Düsternisse auch. Aber bei aller Mühe: vergebens blieb alles Streben, die Herrlichkeiten GOTTES und der anderen Göttinnen und Götter alle, die Schwierigkeiten, die Freuden und die Leiden auch nur einigermaßen in den Worten anzudeuten. Manchesmal gewahrte ich die Mattigkeit des heutigen Ausdruckes, ward schier krank in quälendem Missbehagen, nur armselig auf das Pergament zu stammeln; der passenden Worte und Ausdrücke viel zu arm, den Reichtum des vergangenen und des heutigen SEINs zu beschreiben.

Ich härmte mich ab beim Lesen des Aufnotierten, änderte hier, schwächte da und wurde harscher in manch anderer Zeile, setzte verschiedene Male den Schlußstein und riß ihn auch wieder heraus um zu ändern. Zu Verbessern?

Und so oft ich mich zur Nachtzeit, nach dem *complet*, mich hinsetzte, das Werk zu vollenden, kamen mir die tückischen Geister namens „Dashastdunochvergessen" und „Dasmußnochhinein", vielleicht Verwandte der *fairien*, und es mußte einfach weiter gehen im Text. Einigemale warf ich den Gänsekiel samt Tintenfaß in die Ecke und versteckte das Pergament hinter einem Mauerstein meiner Klause.

Es half nichts. Blaß, übernächtigt, ausgelaugt nahm ich nur das Notwendigste wahr und blieb kein löbliches Mitglied des *conventes* auf viele Monate. Und ich rang, wie der biblische Jacob, mit GOTT um die Festigkeit meines Glaubens, oftmals Zeile um Zeile.

Doch langsam lichteten sich die Nebel der Zeiten und eines Morgens lag meine Vision recht sauber in lesbarer Schrift auf dem alten, löchrigen Pult.

Und nun ergriff mich eine große Traurigkeit.
Es war geschafft.
Das Ziel erreicht – das Wild im Lande Phantasia zur
Strecke gebracht. Ein Wunsch vollendet auch in der
Zeit. Dieser Akt war ein für allemal vollendet. Ich war
herausgetreten aus dem Labyrinthe des Erinnerns, des
Fabulierens, des Herausschreibens meiner Welt und
meiner vergangenen Leben.
Und plötzlich sehnte ich mich dahin zurück.

„Still, still,“ so dringt die Stimme meines druidischen
Lehrers aus dem Zeitenstrom zu mir hieraus, „still und
klag nicht so! Warst du nicht die Stunden des
Schreibens über in deinem, in meinem, in unser aller
Leben mit Freude, Leid und Herz und Verstand? Warst
du denn nicht auch selig und beglückt in diesem Lande
der Phantasie, in welchem sich der heilige Einklang
aller Wesen als tiefstes Geheimnis der Natur offenbart
und auch beschreiben läßt?“
Ich war froh und ich schwieg still.

Und ich bereue auch nichts von alledem...
...jedesmal, wenn ich im Garten vor mich hingehe und
mit dem schweren Duft der Rosen wieder einmal ein
weiteres geschenktes Jahr einatme.

Quod scripsi, scripsi
Was ich geschrieben habe, habe ich geschrieben!

Ich bereue Nichts!

Heimgekehrt

"nun bin ich also wieder hier." Die Stille lastete nicht mehr auf ihm und er war wieder tausende Meilen von allen und allem entfernt und der Druck der Hand auf seine Finger hat immer noch nicht nachgelassen. Aber wo sind all die Hände, die er einige glückliche Momente seines Lebens hatte halten dürfen? Wo? Und er nimmt erneut einen Kiesel aus der nunmehr frostverschlagenen Quelle, dreht ihn gedankenverloren zwischen seinen erstarrenden Händen. Wie damals vor fast 10 Jahren, als er das allererstemal an diesem herrlich versteckten Orte weilte und seine Sehnsüchte sich träumend mit dem Sommerwind verbanden.

Heute pfeift der frostige Sturm um die Wipfel der Bergfichten. Statt des Vogelrufes peitschen silbrige Körner schräg durch den Tann, alle Spuren unter sich für eine lange Zeit verdeckend.

Gedankenverloren dreht er den Stein, nicht der Kälte achtend, die in seinem Innern emporkriecht und sich verbündet mit der Kälte des Alpentages, hoch unter der Guffertspitze in der Nähe von Wildbad Kreuth, weit hinter der "Aschenbrenner-Hütte", auf der österreichischen Seite.

Und er fragt sich wieder, so, wie er es sich damals gefragt hat: *"wer bin ich? wer war ich bisher? wer seid ihr? habe ich euch überhaupt richtig kennen dürfen? nein! ich kann nicht wiederkommen zu euch! nicht morgen, nicht in einem jahr! auch wenn ihr wirklich wirklich gewesen sein solltet. ich kann nicht mehr wiederkommen!"*

Es war eine geraume Zeit vergangen, seit er im August nach seinem 50. Geburtstage hier an dieser Stelle die Entdeckung hatte machen dürfen zu schreiben, seine geheimsten Befindlichkeiten ausdrücken zu können auf dem Papier, Fabeln erzählen zu müssen, die aus seinem Innersten herausquollen an das Licht der Nächte. Vieles was er erlebt und auch noch nicht erlebt hatte oder nie erlebt haben konnte, trug er auf das Papier. Manches, was er durfte und auch Vieles, was er nie hätte aussprechen sollen, da es auch Eingriffe in Sphären anderer Menschen waren. Aber nie sah er darin Treuebruch. Die kleinen Erzählungen, auch die über seine Ahnen und Freunde – die Kelten, nahmen die Gestalt eines immer dickeren Büchleins an, welches vorerst nur im Laufwerk seines Rechners versteckt wurde. Einige weitere schrieb er seinen Liebsten und nur diesen, denn er hatte keine weiteren finden wollen bei der Suche in tiefster Nacht, die er um sich zusammen hatte schlagen lassen. Und so war damals der August und so war damals diese uralte Quelle und so war damals auch die allererst geschriebene Erzählung sein neuer Ausgangspunkt für ein Leben, welches wieder ein Leben für ihn werden sollte.

Und er war wieder in das Land gefahren, in dem einer seiner Ahnenstränge den Ursprung hatte. Väterlicherseits. Vor Jahrhunderten wohnten diese Altvorderen im Salzburger Land, welches ja mit Hallein und Hallstatt urgründliches Gebiet wirkender Keltenstämme war. Mütterlicherseits kamen die Vorfahren aus der Rhön und in dieser finden wir noch heute vielfältige Zeugnisse dieses Kulturvolkes in den Tälern und auf den Bergen vor. Daß er ein Thueringe wurde, ist einem Treffen der beiden Zweige, einem Kennenlernen und einer Liebe geschuldet, welche ihm noch Geschwister schenkte.

Und deshalb, wahrscheinlich aus dem endlichen Schluß dieses Kreises jahrhundertealter körperlicher und geistiger Traditionen tief in sich, ja deshalb weiß er heute, woher sein tiefes Interesse und sein So-

Lebenwollen wie die Kelten und auch seine Geisteshaltung ihren Ursprung haben.

Die Augen vor der eisigen Kälte zusammengekniffen, stapfte er heute durch den Schnee. Er zwang sich mittlerweile, einen Fuß vor den anderen zu setzen und er konzentrierte sich auf den Weg zur Quelle. Sie mußte er finden, sie war das Einzige, was zählte. An etwas anders wollte er nicht denken. Steiler wurde der Pfad, außer Atem geriet er, aber die Schwäche des eigenen Körpers schüttelte er von sich ab. Höheres, Wichtigeres galt es zu erreichen. Kälte und Angst wollten ihn seiner Kraft berauben und ihn verletzlich machen. Er wollte stark sein. Bis zum Ziel. Langsam stieg ihm die Angst in die Kehle, drängte auf das Herz zu, es abzuschneiden vom Kreislaufe des Lebens. In Gedanken zog er einen Schutzkreis um sich herum, altvergessene Worte murmelnd in die Stille um sich herum. Licht schien ihn zu umspielen. Das Rauschen der Tannen im Wind spann ihm die Melodie des Vergessens. Allein im Schneeregen - war es das, was er ersehnte? Irgendwie zwang er sich immer wieder mit langen Schritten auszuholen. Atem schöpfend blieb er stehen, das Blut pochte laut in den Ohren, sang das Lied seiner Erschöpfung. Flitter stiebten vor seinen Augen, verzerrten das Bild zu einer dunklen Landschaft.

Schemenhaft verspielt trug der Wind Schneeschleier heran, welche ihn zum Tanzen riefen, seine Müdigkeit herausforderten, ihn zum eiskalten Traume verführen wollten, wie des Erlkönigs Töchter, die Schönen. *"achte nicht darauf"*, sprach er für sich hin, *"achte nicht darauf und geh auf dein ziel zu. geh! geh! und halte deinen schutzkreis aufrecht!"*

Der Wind nahm an Stärke zu, riß an seiner Kleidung, die heute, nur dem Zwecke dienlich, sehr dünn gewählt war. Der Wind hatte die Wolken wieder verweht, und vom klaren, offenen Nachthimmel strahlten die Sterne kalt auf ihn hernieder. Gefühllos! Je mehr er sich der Quelle näherte, desto mehr verspürte er unter seinen Füßen die Kraft des Ortes. Erschauernd blieb er für Minuten stehen und merkte, daß sein Vorhaben ins Wanken geriet. Nein! Gefühle durfte er heute nicht zulassen, weder Zorn noch Angst. Ruhig und entschlossen wollte er bleiben und er trat den schneebedeckten Pfad tiefer unter seine Schuhe. *"fürchte nichts als die furcht selber"* Keine Furcht, keine Angst. Nur Kraft, nur Ruhe, das war es, was ihm weiterhelfen würde. Und er brachte sie auf. Jetzt konnte er die Quelle erkennen. Schwarz das Erdloch im Fels, verschwimmend in der Dunkelheit der Nacht. Vorsichtig trat er näher. Er spürte die Wellen, in denen sie ihre Kraft abgab; sie wirkte als Leiter der Erdenergie, die aus der Tiefe der Vergangenheit kam, die Energie, durch die der Stoff der Zeit dünn genug wurde, sodaß Menschen hin und wieder zurück wandern konnten, wandeln konnten zwischen den Welten des Gestern und des Heute. An dieser Stelle im Berg waren Zeit und Raum aufgehoben, anormal und unendlich, erreichbar und unerreichbar. Hier traf sich das ALLES und das EINE.

Die Hände im Austrittsloch des heiligen Wassers fühlte er diese Kraft, diese Versetzung. Sie durchpulste ihn und er nahm die Kraft auf, leitete sie durch seinen müden Körper und schaute hinauf in den Mond, den bleichen. Er spürte, wie die Erdenergie seinen Körper von den Füßen aufwärts durchdrang, von den Fußsohlen bis zum Scheitel, sodaß sich die Haare sträubten. Neue Wolken waren aufgekommen und zogen näher und näher, tiefer und tiefer auf ihn zu. Flockenwirbel hüllte ihn ein. Jetzt hatten sie ihn umschlossen. Die Wer? Wenn er das nur wüßte.

Nach einem tiefen Atemzuge sprach er die Formel, die Erdformel, die ihn Eins-Sein-Lassen-Mußte mit ALLEM um ihn herum. Fremde, alte, uralte, vergessene, verlachte Worte, gutural aus seinem Munde. Fremd, rauh, schaurig und doch so vertraut in ihrer Fremdartigkeit. Und er war sich nicht sicher, ob er sich an die richtige Folge der Silben erinnerte. Aber keine Zeit blieb ihm, darüber nachzudenken. Er sang die Folge, so, wie es sein Herz ihm befahl. Komme was und wer da wolle! Leise anfangs, gebückt vor dem Winde, dann aber immer lauter werdend, so daß seine Stimme in den Berg hinaus zu klingen, zu dringen begann.

here ze nemeton rige seggr nemeteeaa
nit haptre me sannr
oonder aits hlamon weihas i
oonder aits runa tahan i
talpa i hausida i salböda i
tuggon mahteige unde bhaa
poi i unde siggwan i guito mrtrom
mutis pater mater brather dhughater
seggr me -leudh her ze nemeton
mutis mutio saiwale
oonder aits hlamon weihas we

thuiirres tuuiuskes
thue waane nemetuuae we

(hier im heiligen hain
reiche gefährten im himmel
nicht hafte mir strafe
unter eid rufe ich weihevoll
unter eid verschweige das geheimnis ich
ich zählte, ich hörte, ich salbte
die mächtige zunge und die stimme
ich trinke und ich singe die güte des todes
erinnerungen an vater, mutter, bruder und schwester
meine gefährten
kommt her zum heiligen hain
erinnerung, gedenken an die seelen
beschützt die eueren
heiligt unseren bund)

Langsam sank er vor dem Quell auf die Knie, in den gefrierenden Schlamm, und die Nebel hüllten ihn in ihre trügerische Weichheit und Wärme auch und er fühlte, daß die Zeit ihn mit sich fortnahm.
Nebelschleier atmet der Quell. Von den Felsen lösen sich weiße Brocken und schlagen mit immer dumpfer werdendem Geräusch in die Abendstille.

Die Fahrt hierher war eine ungewöhnlich schöne. Nicht offen das Verdeck wie einst im Sommer und auch nicht die Gluthitze über dem Land. Abgestellt das Fahrzeug, wie ehedem, auf dem Parkplatz der "Schwaiger-Alm". Den Weg durch das Tal nur mühsam erkannt. Keine Spur getreten von Wanderern, aber bergauf, bergauf! Vorbei wieder an den Bänken und über die Wiesen. Die Aussichten genossen ein letztes Mal. Die Schuhe, die Strümpfe, die Hose, das Hemd: naß vom Schweiß des Wanderns und von der Tauheit des vorösterlichen Schnees. Nun ist er über die Grenze hinweg, ist er in Österreich. Weiter durch den Wind, den

194

stürmenden, stechenden. Weiter voran, hin zum Ziel
Was ist das für ein Ziel? Warum ist es gerade dieses Ziel?
Dieser Quell, diese Landschaft, diese Stunde, diese Laune?
Laune? Nein, keine Laune! Unbedingtheit ist es, die ihn
treibt. Die ihn einen Fuß vor den anderen Fuß setzen lässt,
ihn vorwärtstreibt mit den Gedanken in der Vergangenheit,
der doch so glücklich - unglücklichen Zeit. Und es ist die
Flucht vor sich selbst und vor seinem unerledigten Leben.
Nein, über seine Fehler und Fehlverhalten ist er schon so oft
ganze Seiten in selbstmitleidiger Art zu Felde gezogen, hat
sein Sein in Wirklichkeit nicht gepackt, hat geträumt von
den Schlössern auf dem Monde und in den Seelen der
anderen, hat sich gesonnt in den Lieben der Frauen (daß es
eine von ihnen war, welche er in seiner ersten Erzählung
ferne auf den Hügeln hat sehen können, glaubt er heute fest
zu wissen). Er wurde getrieben und hat sich treiben lassen
vom südlichen Sommerwind, welcher die Sehnsucht in die
Herzen der Menschen säete, auf daß sie träumen von einer
besseren Welt. Und er hat auch mit Gott gehadert, so wie
"sein" Knulp mit GOTT gehadert hatte, daß er ihm ein
solches Leben aufbürdete.
Hier erinnert er wieder an des Dialoges zwischen Knulp und
dem Herrgott, als Knulp, so wie jetzt er, im tiefen Schnee,
müde von der Reise durch das Leben, einen Abschied
nehmen muß und er spricht ihn noch einmal, vielleicht ein
allerletztes mal aus seinen Gedanken heraus:

"warum habe ich aus allem nichts gelernt und bin kein
rechter mensch geworden? es wäre doch zeit
gewesen."

Und der Herrgott zu ihm: "siehst du denn immer noch
nicht, du kindskopf, was der sinn von allem war?
siehst du nicht, daß du deswegen ein leichtfuß und ein
vagabund sein mußtest, damit du überall ein stück
kindertorheit und kinderlachen hintragen konntest?!
damit überall die menschen dich ein wenig lieben und
dich ein wenig hänseln und dir ein wenig dankbar sein

mußten? was soll klagen nützen? kannst du wirklich nicht sehen, daß alles gut und richtig zugegangen ist und daß nichts hätte anders sein dürfen?...**ich habe dich nicht anders brauchen können, als wie du bist.** in meinem namen bist du gewandert und hast den seßhaften leuten immer wieder ein wenig heimweh nach freiheit mitbringen müssen. in meinem namen hast du dummheiten gemacht und dich verspotten lassen...."

Leise plätschernd gibt ihm der Quell die Melodie vor, nach der er unbewußt doch, bannende Worte vor sich hin zu sprechen beginnt. An deren Ende hat er sich erkannt. Auch er ist Hesses "Knulp". Auch er ist einer dieser Menschen, die sich haben treiben lassen mit ihrem Vermögen und ihrem Unvermögen, hin und wieder an den Böschungen des Lebenflusses sich festhalten könnend, aber dann wieder von dessen reißender Strömung mitgetrieben. Und so erkennt er die Wahrheit in den Worten eines alten Pfarrers, die er erst vor wenigen Wochen hatte aufschreiben können: "wer nicht handelt, der wird behandelt, und das meist schlecht!"

Aber die Zeit, das Steuer des Bootes Leben herumzureißen, es allein wie er ist, herumzureißen, ist, so scheint es ihm, viel zu kurz und auch nicht mehr wichtig.

Oft schon hatte er die Ufer des Flusses Lethe aufsuchen wollen. Und doch immer wieder freudig geklammert an das bißchen Zukunft, welche doch immer mehr, von Tag zu Tag enger und alleiner zu werden schien.

Und nun ist es ihm so etwas von egal.

"ließe sich ja alles noch aushalten", schreit er laut in das Rauschen der Quelle hinein, "wenn nicht immer wieder dieses sorgen wäre, das macht die menschen fertig. ja, fix und fertig! und weil auch ich das nicht mehr aushalte und auch aus anderen, nichtigeren gründen, bin ich heute hier bei dir, quelle des lebens, Urmutter

ERDE und ich werde bei DIR bleiben. bis man mich findet! denn ich habe mich endlich gefunden."

"wißt ihr", *sagte er dann leise und mit frostver--schlagenem Atem vor sich hin, leicht schon eingedämmert in die Läufe der beginnenden Unendlichkeit des Nichtmehrseins.* "wißt ihr, ich bin müde, ich habe keine kraft mehr, diese vielen kleinlichkeiten des lebens auszuhalten und lächelnd zu verstecken. ich bin es müde geworden, ich möchte schlafen - lange zeit".
Und es erklingt in ihm „Lauschers Lied" aus der Ferne:

"Der müde Sommer senkt das Haupt
und schaut sein falbes Bild im See.
Ich wandre müde und bestaubt
im Schatten der Allee.
Ich wandre müde und bestaubt,
und hinter mir bleibt zögernd stehn
die Jugend, neigt das schöne haupt
und will nicht fürder mit mir gehn."

Dann sitzt er noch lange vor dem Eingang der heiligen Quelle, schaut mit immer starrer werdenden Augen in das rinnende Wasser, hört immer weniger dessen Raunen und hört doch immer stärker das Rauschen des Wintersturmes. Dieser umfängt ihn mit seinen nunmehr ganz warmen weichen Flocken, die ihn zu einzuhüllen beginnen, die ihn wärmen, so, wie er noch nie in seinem erbärmlichen Leben gewärmt worden war; und die Melodie des Windes, das

Rascheln der Nadeln im Tann und das Schlirren der Hagel- und Schneekörner aufeinander ist ihm wie das Lied der Mutter, wenn er sich, Trost suchend, an ihre fruchtbare Brust lehnen durfte.

"mutter, frau, urmutter des lebendigen. ausgang in das leben und eingang in den tod. sein und nichtsein sind nur kleine, quantitative unterschiede."

Dieses kann er zu seiner Entschuldigung gerade noch denken. "die sehnsucht nach dir", *flüstert er dann in die weite winterliche Stille des Berges und er schaut irgendwohin in die Tiefe der Berge und in die Tiefe seiner* **keltischen Seele;** *hinweg über die raunenden Wipfel des Tann. Vielleicht schaut er auch in die Leere, die in ihm ist.* "die sehnsucht nach dir frißt das fleisch weg unter der haut!"
Als er das alles eben gerade noch denken und fühlen konnte, ist er endlich eingeschlummert und er flüsterte es mit letzter Kraft träumend.
Nichts wiederholt sich!
Dennoch:
Der Wald steht dunkel und still.
Der Berg ruht in sich selbst,
Der Pfad ist verlassen.
Die Straße liegt unbeweglich und friedlich.
Nichts regt sich tausend Meilen im Umkreis.
Und er ist nicht mehr.

Es ist eiseskalt. Ächzend setzte er sich auf und streckte sich. Die Morgenschatten unter der aufgehenden Sonne fallen breit durch den Tann. Das Plätschern des Quells ist wieder in seinen Ohren. Er reibt sich die Augen und schaut sich um. Beklommen steht er auf mit einem merkwürdigen Gefühl der Orientierungslosigkeit. War das alles ein Traum?
Hatte er sein Fortgehen aus der Welt nur geträumt?

198

Die Quelle ist real. Die Kälte sitzt tief in seinen Knochen. Steif gefroren die Kleidung und schmutzig obendrein. Er sah durch den Tann in das Tal hinab und versuchte sich zu fassen. Langsam kehrten die Erinnerungen an das Gestern zurück. Er war weggelaufen aus dem Leben auf *seinen* Berg, an *seine* Quelle. Er wollte eingeschlafen sein für immer. Und nun das? Das muß es wohl gewesen sein.

War er der keltische junge Mann und dann der alte keltische Mönch seiner Träume, die beide voll Hoffnung immer wieder das Leben neu angegangen waren, *bis es sie nicht mehr reizte?* War er nicht der, welcher auf den vergangenen vielen Seiten sein Leben vor sich hatte abspulen sehen, in Leichtsinn und in "Ängsten" und "Vigilien" und vielen anderen Erlebnissen mehr. Auch der, welcher durch die Zeiten hindurch die Frage nach den Urgründen und den Gleichheiten vieler Religionen zu erkunden versuchte?

Oder war er doch ein alter Mann, ein Narr, der zum Quell gekommen war um nach seinem Sein zu suchen, nach seiner Nemesis; zu suchen seinen letzten Traum? Ein alter Mann, dessen Leben beinahe vorüber gewesen wäre?

Mit ahnungsvollem Schauder sah er an sich herunter.

Was war er nun? Der alte Mann oder der junge, der sein Leben noch eine Weile vor sich hat?

Kann er seinen noch Sinnen trauen oder hatte die Zeit ihm wieder einmal einen Streich gespielt?

Wird er das jemals wissen können?

War es wieder einmal ein Träumen?

Sei es wie es sei.

Er bereut NICHTS!

...jedesmal, wenn er im Garten des Lebens vor sich hingeht.

....

Das Leben gleicht dem Durchschreiten eines Tores,
an dessen Ende Licht aufglänzt.
Aber niemand weiß',
ob es Gutes oder Böses zur Betrachtung bieten wird.
Das Wahre allein sind nur die Nuancen der Schatten,
mal silbern, mal schwärzlich, mal golden.
Und dazwischen alles das,
was man nur ahnen darf.

....

i.-j. r.
zu samhein
31.10.2007

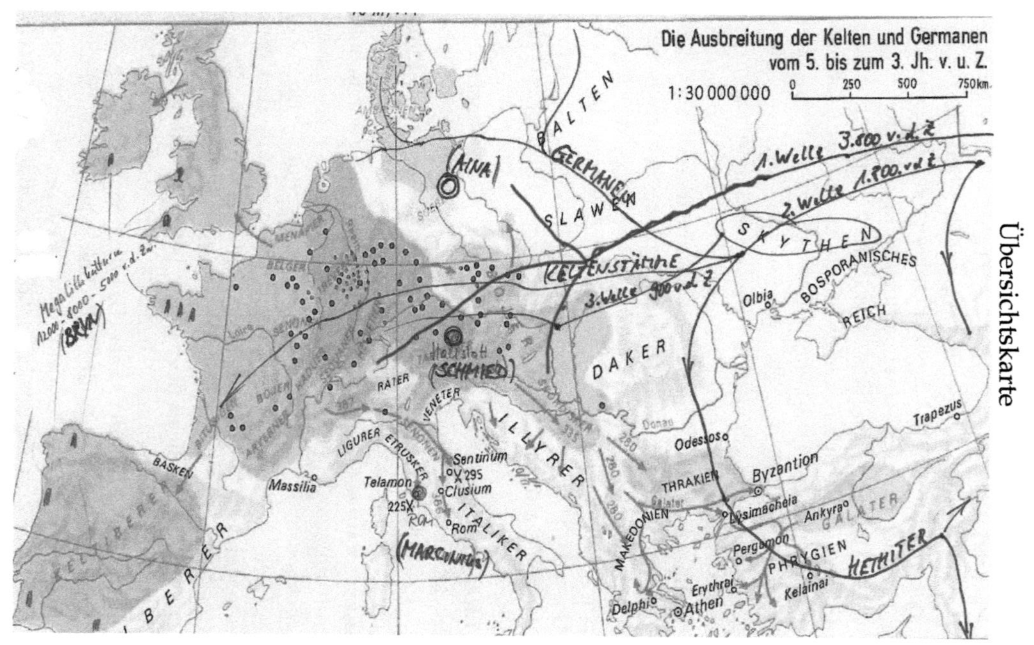

Die Ausbreitung der Kelten und Germanen
vom 5. bis zum 3. Jh. v. u. Z.
1:30 000 000
0 250 500 750 km.
1. Welle 3.800 v. u. Z.
2. Welle 1.800 v. u. Z.
3. Welle 300 v. u. Z.
KELTENSTÄMME
Megalithkulturen 12000–5000 v. d. Zw.
(BRYN)
(AINA)
(SCHMIED)
Hallstatt
(MARCURUS)
BALTEN
GERMANEN
SLAWEN
SKYTHEN
BOSPORANISCHES REICH
Olbia
DAKER
Donau
ILLYRER
VENETER
RÄTER
LIGURER
ETRUSKER
Sentinum
X 295
Clusium
Telamon
225 X
Rom
Massilia
ITALIKER
BASKEN
IBERER
BELGER
BOIER
MENAPIER
ARVERNER
SENONEN
Loire
THRAKIEN
MAKEDONIEN
Odessos
Byzantion
Lysimacheia
Ankyra
GALATER
PHRYGIEN
HETHITER
Pergamon
Kelainai
Erythrai
Delphi
Athen
Trapezus
280
280
280
335

Er – Klärungen? Mannanons Erklärungen?
Meine Erklärungen:

-   der kurze Einschub über die *klingenden Steine des jungen Bryn* und die etwas längere *Erzählung der kleinen Aina* entstanden in der Auseinandersetzung mit der Frage, woher gewisse Einflüsse und auch Gottheiten der Altvorderen, wie z.B. der gehörnte Cernunos (Gott des Waldes und der Tiere), die Vorliebe für große Stein- oder Holzansammlungen zu sakralen Zwecken etwa gekommen sein könnten. Denn das Land in Mitteleuropa war seit tausenden von Jahren vorher schon besiedelt. (Stonhenge und Goseck liegen annähernd auf dem gleichen Längenkreis und sind sich zeitlich auch sehr nahe.) Ich habe den doppelten Eichenkreis, das älteste Sonnenobservatorium (ca. 5.100 v.d.Zw.) vor dem Orte Goseck bei Weißenfels/Naumburg schon in seiner Bauphase aufgesucht. Nebra mit seiner Himmelsscheibe (ca. 3.600 v.d.Zw.) liegt ja gleich in der Nähe – was sind 1.500 Jahre später für damals. Siehe auch die neuerlichen Skelettfunde im Oberharz und deren genetische Auswertung. Wobei auch aus diesen Zeiten viele Riten und Zeremonien auf unsere heutigen Religionen und Anschauungen überkommen sind. Die gebrauchten Anrufungen leitete ich unter Nutzung einer alten „Indogermanischen Sprachlehre" so gut ich es vergleichendermaßen vornehmen konnte, aus den dort angegebenen Ursprachstämmen her.

-   die *Erzählung des alten Barden* umreißt eigentlich alle meine Vorstellungen über den eigentlichen Hergang der 3 großen Wanderungswellen aus dem Mittelasiatischen, wobei die Abkunft dieser Urvölker sich noch in der sprachlichen Verwandtschaft mit den indo-arischen Völkern, z.B. in den indischen Veden, widerspiegelt. Wobei die 2. Welle um 1.800 v.d.Zw. größte Einflüsse auf Mesopotamien, Aegypten und auch den westlichen Mittelmeerraum genommen hat. (sh.. die griechische Sage vom Raub der Europa – dem Sieg über Europas Urvölker) *Eine unvollkommene Legende findet sich an letzter Stelle.*

- die Novelle über *Ian den keltischen Schmied oberhalb von Hallstatt* entstand unmittelbar nach meiner 12 Tagewanderung (115 km) in urkeltischer Bekleidung und unter Nutzung einer auf Baumscheiben gelagerten Holzschleppe von Hallein nach Hallstatt durch das Tennengebirge. Auf dieser Queste lagerte ich draußen, auch bei −2 Grad Celsius im Schnee oberhalb von Hallstatt auf 1952m ü,NN. Der Besuch beider Salzbergwerke und beider Museen und die dort ausgestellten Funde hinterließen einen tiefen Eindruck, sodaß ich zu Hause sofort an das Schmieden solcher Gegenstände und Schmuckstücke ging. „Wenn einer eine Reise tut, dann kann er was erzählen!"

- Zu *Marcinius* brachte mich der schon immerwährende Groll auf die stetige Kolportation der wenigen schriftlichen Aufzeichnungen des Plinius des Älteren, des Poseidonius von Rhodos, des Gaius Iulius Caesar und anderer, welche sich, sicher auch aus politisch-taktischen Gründen in der geschilderten Art über die blutrünstigen Kelten ausließen. Menschenopfer und das Bestatten einzelner Körperteile an verschiedensten Plätzen des Einflussbereiches gab es schon immer und wurde auch bei den teutschen Königen (Herz in Aachen, Kopf in Padua und anderes anderswo) noch im Mittelalter gepflogen. Außerdem meine ich, dass die beschriebene Form des Reinigens von Körper und Seele sehr, sehr identisch ist mit dem Reinigen in der Schwitzhütte und in der Sauna. (Also: auch diese haben wir erfunden?!)

- den *heiligen Martin* musste ich einfach hineinbringen, da er als junger Reitersoldat auch in Gallien war und die Botschaft vom Frieden und vom ‚Für den Frieden und das Wohl selbst zu tun' auch heute noch, gerade unter jungen Menschen, Christen wie Nichtchristen, immer in diesen Überlegungen mündet. (Auslöser war eine junge Dame, welche gerade ein soziales Projekt abgeschlossen hatte und nirgendwo einen Dank oder eine positive Akzeptanz des Inhaltes erfahren konnte. Da fiel mir als

Trost ihr gegenüber nur der Martin ein.) Das sich der Gedanke dann so verselbständigt hat, liegt in mir.

- das *Händehalten*, was wir alle viel zu selten uns gestatten, ist eine Erinnerung an die Eltern

- in Vorbereitung einer Vernisage mit großformatigen Enkaustik-Bildern (Wachsmalereien) stieß ich auf das geschilderte Bild. Danach blieb mir nichts weiter übrig, als diese Erzählung *„Jagd oder Labyrinth"* niederzuschreiben.

- alle anderen Einschübe, Gedanken, Fabulierereien und „Wahrheiten" sind dem Leben und dem Lebenlernen zu verdanken und den vielen Menschen, denen ich auf meinen Wegen begegnet bin, die mich ein Stück begleitet haben oder noch begleiten und auch denjenigen, welche ich nicht mehr lebend antreffe. Und der Unmasse von gelesenen, verschlungenen, Büchern und deren Autoren sei auch Dank gesagt.

- die Auseinandersetzung mit der *katholikos orthodoxis*, so unvollkommen sie auch ist, sie musste einfach sein!

Und letztlich hat ja dann alles gepasst!

Versuch einer Legende zur Erzählung des alten Barden (falls diese sein müßte... und welche niemals fertig werden wird)

1. Samhain, das Fest des Todes und des Neubeginns, des Gedenkens an die Ahnen, Ende Oktober, Beltaine, das Fest der Jugend und der Liebe, heute der erste Mai

2. nach neuesten Erkenntnissen eventuell der Harz

3. Glockenbecherleute, indoeuropäische Invasionskultur, (sh. auch 17)

4. ca. 2800 Zug der Hethiter vom Kaukasus nach Kleinasien, große Reichsgründung, später Babylon, andere Bewegung ggn. 1800 v.u.Z. Einfall der Hyksos, ein indoeuropäisches Volk, mit Pferd und Kriegswagen, auch vom Kaukasus über Kleinasien, Syrien kommend, machte sich gg, 1715 v.d.Z. die Pharaonen tributpflichtig, danach Aufgstand und Krieg der Ägypter, nach dem Hinausdrängen der Hyksos beginnt die 18. Dynastie (1551 v.d.Z.) Bau der großen Pyramide von Gizeh für Pharao Cheops – 4. Dynastie, ca. 2600 v.d.Z.

5. erkennbarer Beginn dieser großen Ausbreitung/Wanderung ggn. 1800 v.u.Z., verstärkte Wanderung und Ausbreitung über Mitteleuropa ggn. 900 v.d.Z.

6. Danu, Flußgöttin, ggf. Donau, da an der Donau entlang keltisches Siedlungsgebiet zu finden ist

7. Hallstattkultur – Hallein/Salzburgerland – Latene`-Kultur/Schweiz

8. Die Galater zogen bis Trakien, fielen ggn. 278 v.d.Z. in Kleinasien ein, bis nach Syrien, wurden später römisches Provinzvolk und röm. Söldner, gründeten Ancyra/Ankara

9. Die britischen Inseln nannte man im Altertum Zinninseln, Rom verschleppte später Sklaven zu dessen Abbau

10. Das Mittelmeer, eigenwillige Sicht d. Verfasssers

11. im Jahre 389 v.u.Z.belagerten und zerstörten die Gallier Rom bis auf das Capitol, das durch schnatternde Gänse vor einem Nachtangriff gewarnt wurde

12 Mitte des 1. Jhdt.v.Z. bis Mitte des 1. Jhdt. n.Z., legten Siedlungen an – Oppida's, gräbenumwehrte, mit starken Steinmauern umgebene Plätze, die bis zu 4ooo Bewohner fassen konnten, in Thüringen und Franken von mir besucht: Gleichberge bei Römhild, Dietrichsberg bei Sünna, Staffelberg bei Staffelstein, eine Stätte bei Geeba u.a.

13 Vercingetorix – Fürst der Averner, einte für kurze Zeit die Gallier im Kampf gegen Rom, für ihre Unabhängigkeit, er versammelte nach der Niederlage der Biturigen (40 000 Tote), seine Truppen auf der Höhenfestung Alesia, der Hauptstadt der Mandubier (52 v.d.Z.), Cäsar errichtete um die Burg nach innen und außen gerichtete Befestigungswerke mit einem „Minenfeld" aus angespitzten Pfählen, Fußangeln und Gräben, 1 Monat später kamen Kinder und Frauen aus der Festung, die Römer ließen sie zwischen den Fronten verhungern, später, keine Entsatzarmee konnte durchdringen, verhungerten die Krieger, V. selbst ergab sich Cäsar...die Kelten waren als Macht vernichtet

14 ggn. Ende der letzten Eiszeit, von Norden nach Süden abklingend um 15 – 12ooo, weiter im Intervall bis ggn. 8-6ooo v.d.Z., war der Wasserspiegel der Meere durch das gebundene Eis ca. 8-12 Meter tiefer als heute, diese Vorstellung zu Ende gedacht, läßt uns vor der eminenten Eismasse, welche die Meere und Kontinente gebunden hatten, erschauern; was, wenn der Rest erst durch die Erwärmung abschmilzt, wie hoch kann es dann in Europa steigen? Wer wird alles unter neuem Meere stehen und wie lange? wer wird überleben?

15 Boreas, der Gott des Nordwindes (griechisch)

16 Griechische Mythologie: Titane und Sohn der Okeanide (Meeresnymphe) Klymenes, nahm teil am Kampf gegen Zeus, wurde mit anderen Titanen besiegt und mußte zur Strafe das Himmelsgewölbe auf den Schultern tragen, wahrscheinlich eine alte, vorgriechische (atlantische?) Göttergestalt, durch griechischen Kulturkreis besiegt und umgewandelt.

17   Glockenbecher/Trichterbecherkultur   –
indoeuropäische Invasion aus den Steppen des Ostens
im Zeitraum zwischen 3ooo bis 13oo v.d.Z.
Vermischung   und   sprachliche
Anpassung/Assimilation auch der Sitten und
Bestattungsriten, Aufsplitterung nach ca. 2ooo v.d.Z. in
nördliche und mittlere Stämme (Germanen – Norden,
Kelten – Mitte, Alpenraum und Mittelfrankreich bis
später England und britische Inseln,

18   Eventuell ein oder mehrere Stämme der
Glockenbecherkultur, welche nicht, wie ihre anderen
Stämme, den Landweg nahmen, sondern durch das
Mittelmeer, am Rande des Mittelmeeres und des
Atlantiks gen Norden zogen und Land eroberten

19   In der irischen Handschrift *Lebor Gabal* stößt man auf
die häufigst vorgetragene Version des Angriffs auf die
Phantom Insel. Hier ist es das Volk der Nemed,
welches auf seiner Expedition nach Irland im Meer
einen Turm aus Gold sah. Sie begehrten das Gold und
griffen die Insel an, aber alle wurden im Meer ertränkt,
mit Ausnahme des Nemed selbst und seinen Söhnen.

20   Das Herrschaftsgebiet der Atlantiden, der Erbauer der
Megalithkultur, war weitläufig an den Küsten des
Atlantiks und des Mittelmeeres, bis an die Grenze
Siziliens und Libyens angesiedelt, in mehr oder
weniger streng regierten Stammes/Fürstentümern; da
aber die Ägypter nur in einer festgefügten religiösen
und staatlichen Ordnung, bedingt durch die
Entwicklung ihrer Kultur im Lande und mit dem Nil,
existieren konnten, mußten sie natürlicherweise
annehmen, daß Atlantis eine ebenso konsolidierte
Macht darstellte, und mit der Fama, daß eine Flut
Atlantis vernichtet habe, war für sie auch das Reich
Atlantis, das Inselreich Atlantis, in ihrer Denkform
untergegangen.

Der Nebelsee zur Anderswelt

(Gosau-Lacke (Ö) frühmorgens)